12星座で「いちばんプライドが高い」

牡羊座男子の取扱説明書

監修 アストロロジャー 來夢
櫻井秀勲

著 早稲田運命学研究会

きずな出版

はじめに　なぜか気になる牡羊座男子の秘密

プライドが高く、わがままで自信家。これが牡羊座男子の特徴です。

そう言われて、「その通り！」と納得する人もいれば、なかには「私の彼には、そんなところがない」という人もいるでしょう。

牡羊座男子がプライドが高く、わがままで自信家だというのは嘘ではありません。

けれども、その説明には、補足が必要です。

「わがまま」とは、自分の信じた道を進むということです。普通の人なら、他人の目やその場の状況を考えて、つい本心を隠したり、ごまかしたりしてしまうことがありますが、牡羊座男子には、それをしない強さと潔《いさぎよ》さがあります。

「プライドが高い人」とは、それだけ自分を信じることができる人です。

こうと思ったら、それに向かって突き進む。それが、牡羊座です。

パートナーとして見た場合、彼はとても頼もしく、魅力的です。

一緒にいるだけで、自分までもが特別な女性になったような気持ちになるかもしれません。自信たっぷりな彼に影響されて、あなたにも自信が生まれるからです。

そんな牡羊座男子は、女性にモテます。

星座には、牡羊座から魚座まで12の星座がありますが、女性からモテるタイプでいえば、牡羊座男子は、そのナンバー1に輝くかもしれません。

そんな牡羊座男子に愛されやすいのは、何座の女性でしょうか。二人の関係が発展、持続していくには、どんなことに気をつけていったらいいでしょうか。

恋愛関係に限りません。たとえば、牡羊座男子が、家族だったり、同じ学校や職場、取引先にいたら、彼は、あなたにとって、どんな存在でしょうか。

私はアストロロジャーとして、星の教えを学び、それを私とご縁のある方たちにお伝えしてきました。本書は、そんな私が自信をもってお届けする一冊です。

この本は私の専門である西洋占星学だけでなく、もう一人の監修者であり、早稲田運命学研究会を主宰されている櫻井秀勲先生の専門である性差心理学の視点から、男性と女性の考え方の差についても考慮して、「牡羊座男子」の基本的な価値観や資質、行動の傾向が書かれています。

「牡羊座男子」の傾向と対策を知ることで、彼に対する理解が、これまで以上に深まるでしょう。また、それによって、自分自身の価値観を広げ、コミュニケーションに役立てることができます。


私たちは、誰も一人では生きていけません。自分はひとりぼっちだという人でも、本当は、そんなことはありません。

「人」という字が、支え合っている形をしていることからもわかるように、男性でも女性でも、必ず誰かとつながっています。

誰かとつながっていきながら、幸せを模索していくのです。

「おはよう」のあいさつに始まり、「さようなら」「おやすみなさい」で一日が終わるまで、日常の会話が発生する人、ただ見かける人など、数をかぞえると意外と毎日、いろいろな人に出会っています。

私たちは平均すると、一生のうちに10万人とあいさつを交わすそうです。

長いつき合いになる人もいれば、通りすぎていくだけの人もいます。

とても仲良しの人、自然とわかり合える人など、やさしい気持ちでつき合うことができたり、一緒の時間をゆったり過ごせる人もいます。

相手のプライベートなことも、自分の正確な気持ちもわからないけど、なんだか気になる、なぜか考えてしまう人もいることでしょう。

誰からも嫌われているという人はいません。それと同じで、誰からも好かれるということも、残念ながらありません。

気の合う人もいれば、合わない人もいる。それが人間関係です。

でも、「この人には好かれたい」「いい関係を築きたい」という人がいるなら、そうなるように努力することはできます。それこそが人生です。

そして、そうするための知恵と情報の一つが、西洋占星学です。

「この人は、どんな人か」と考えたときに、その人の星座だけを見て決めつけるのは、乱暴です。「牡羊座」には、牡羊座らしい傾向というものがありますが、前でも書いた通り、「わがまま」といっても、それだから悪いということにはなりません。

また、ここでいう「牡羊座男子」というのは、「太陽星座が牡羊座」の男性のことですが、西洋占星学は、その人の傾向をホロスコープで見ていきます。

本文でも詳しく説明していきますが、ホロスコープは、「太陽」「月」「水星」「金星」「火星」「木星」「土星」「天王星」「海王星」「冥王星」の10の星を見ていきます。生まれたときに太陽が牡羊座にあった人が、「牡羊座」になりますが、太陽星座が牡羊座でも、月星座が何かによって、その性格は違って見えます。
「私の彼は牡羊座だけど、わがままで自信家というのとはちょっと違う」という場合には、月星座の影響が強く出ている可能性があります。逆にいえば、月星座が牡羊座の場合には、太陽星座が牡羊座でなくても、牡羊座らしさが強く出る人もいます。

本書は、「牡羊座は○○な人だ」と決めつけるものではなく、その星の人が持ちやすい本能といえるような特徴などを理解して、よりよい絆《きずな》を築くことを目的として出版するものです。
あなたの大切な人である「牡羊座男子」のことをもっと知って、いい関係をつくっていきましょう。

アストロロジャー
來　夢

安全上のご注意

牡羊座男子と、よりよい関係をつくるために

・『牡羊座男子の取扱説明書』は牡羊座男子の基本的な考え方、行動パターンなどをもとに、あなたとよりよい関係性を築くことを目的としております。牡羊座を含め、すべての星座の男子に対して、理解とやさしさをもって接してあげてください。

・牡羊座男子及び他のどの星座であっても、最初から決めつけたり、相手の存在や気持ちを無視するような行為はやめましょう。

・牡羊座男子もあなたと同じ感情や思考をもつ人間です。意見が合わないとか、気持ちのすれ違いなど、あなたの価値観と多少の不具合が生じ

るかもしれません。可能なかぎり広い気持ちで接してあげることを心がけましょう。

・自分が牡羊座男子の場合

この本の内容のような印象で、周囲はあなたのことを見ている場合があります。

それはあなたにとって思ってもみないこともあるかもしれませんが、一つの参考としてご活用ください。

身近な指摘で納得したとき、自分で気になる点などありましたら、改善をご検討ください。

すでに何かの部分で不具合など生じていた場合は、この本の注意点をご活用いただき、あなたの言動の改善にお役立てください。

★目次

2 Basic Style 牡羊座男子の基本

3 Future Success
牡羊座男子の将来性

4 Love
牡羊座男子の恋愛

5 Compatibility 牡羊座男子との相性

6 Relationship 牡羊座男子とのつき合い方

7 Maintenance 牡羊座男子の強みと弱点

8 Option
牡羊座男子と幸せになる秘訣

12星座で「いちばんプライドが高い」牡羊座男子の取扱説明書

執筆協力＝Julia☆

1

Start Up

西洋占星学と12星座について

12星座の始まり

西洋占星学は紀元前から続いてきた

この『牡羊座男子の取扱説明書』は、西洋占星学の12星座の牡羊座の研究をもとにしています。

西洋占星学のなかの12星座ですが、日本では１９５０年頃から研究が一挙に進み、現在多くの優秀な占星術師により、もっとも信頼のおける占術となっています。

早稲田運命学研究会主宰の櫻井秀勲は１９６０年頃、週刊「女性自身」の編集部に配属になったことで、女性誌に、恐らく日本初の西洋占星術のページをつくりました。

それ以後、12星座占いは次第にポピュラーなものになっていき、女性で自分の星座名や性格、特徴を知らないという人はいないといってもいいほどです。

この12星座のもとになった西洋占星学は、はるか昔、紀元前の頃から始まっています。始まりについてはさまざまな説がありますが、世界最古の文明である紀元前3000年頃のメソポタミアの時代に生まれたという説もあります。

ここで重要なことは「文明が興《おこ》ると占いも起こる」という点です。

これは中国でも同じで、その意味で、私たち人間は占いなしでは生きられないのです。日本でも武将や貴族たちは、占いを日常的に活用することで人の和を保ってきました。

そのようにはるか昔からの長い歴史のなかで、星の動きと自然現象、人間の運命を結びつけ、細かな情報や研究が受け継がれて、いまのかたちになったのです。

それだけに、この占いは正確です。

あなた自身の一生を決めるかもしれない情報と知識が入っている、と思って読み進めていってください。

ホロスコープと星の読み方

この地球に生まれた瞬間の星の位置を知る

西洋占星学は、12星座だけでなく、いろいろな情報を合わせて読んでいきます。

・12星座
・10の惑星（天体）
・12で区切られた室（ハウス）

と、最低でもこれらの星と、その星の位置と角度の情報を、一つの円のなかに描いたものがホロスコープ（天体図）といわれるものです。

このホロスコープをつくり、読み解くことで、その人の生まれもった資質と運命を知ることができるのです。

ホロスコープ（天体図）は、その人の生まれた日にちと時間、生まれた場所によっ

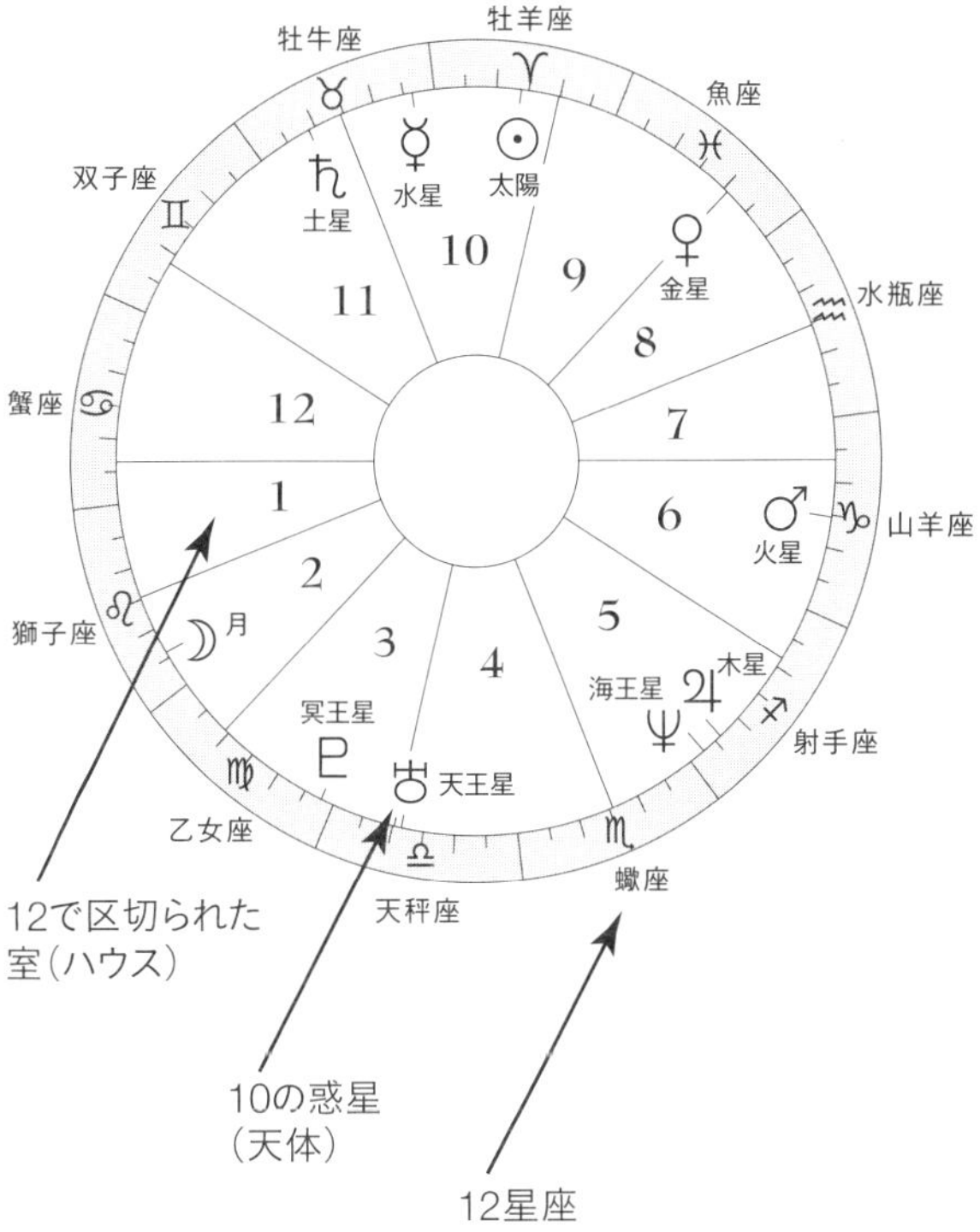

◉ホロスコープ(天体図)の基本

・1番外側が12星座
・その内側が10の惑星(天体)
・円の内側の数字は12で区切られた室(ハウス)

て描かれます。

それは同時に、あなたがこの地球に生まれた瞬間の宇宙の星たちの位置ということになるのです。

あなたがこの地球で生きていくために、もって生まれた才能、起こりうる未来の可能性などが記された人生の地図として活用できます。

かつてイギリスとフランスの王宮には、その国の最高にすぐれた占星術師（アストロロジャー）が召《め》しかかえられていました。いや、いまでもいるという話もあります。

それこそ、世界の崩壊を予言したノストラダムスや20世紀最高の占い師とされた天才キロも最初、王宮で認められたのです。

これらの占星術師は王子、王女が生まれると、王から命じられて秘かに、この方々の一生の天体図をつくり上げました。そこには、死ぬ年齢と時期までもが書かれていた、といわれます。それほど当たるということなのです。

この人生のホロスコープを上手に読んでいくと、たとえば自分の苦手とすることや好きなこと、得意なこともわかります。

あなたが好きなことや得意なことがわかると、自信をもって、どんどん才能として伸ばしていくこともできます。

また、苦手なことや不得意なことは、あなたの人生のなかで必要か必要でないかを、あなた自身で克服したり、挑戦したり、もしくは知らなかったことにして、スルーするという見極《みきわ》めもできます。

この本では、あなたがつき合っている、あるいはつき合うかもしれない牡羊座男子についての情報を提供していきます。

守護星となる10の天体（惑星）

これから起こる人生のテーマを教えてくれる

ホロスコープで見ていく10個の天体（惑星）とは、次の通りです。
ここで大事なことは、占星学では太陽も月も惑星と見なしていることです。

天体（惑星）	記号	意味
太陽	☉	活力・強固な意志・自我・基本的な性格
月	☽	感受性・潜在意識・感情の反応パターン
水星	☿	知性の働かせ方・コミュニケーション能力
金星	♀	愛・美・嗜好・楽しみ方
火星	♂	勇気・情熱・開拓・意志と行動の傾向

木　星	♃	発展・拡大・幸せ・成功
土　星	♄	制限・忍耐・勤勉
天王星	♅	自由と改革・独創性
海王星	♆	直感力・奉仕
冥王星	♇	死と再生・洞察力・秘密

この10個の天体（惑星）はすべての人のホロスコープにあり、その人のもつ人格や個性のエネルギーを表します。

具体的にどのように表しているかというと、この10個の天体（惑星）は、それぞれが違う速度で進んでいます。違う速度で移動しているので、その天体（惑星）がどの場所にいるかで星座もそれぞれ違ってきます。

たとえば太陽の部分の星座は牡羊座であっても、月の星座は牡牛座、水星の星座は双子座というように、10個それぞれ違う星座の人もいれば、2個は同じ星座だけど残りの8個は違う星座というように、一人の人でも、いくつもの星座の要素をもっています。

このように一人の人間の個性というのは、いろいろな星座の性質で成り立ち、日常の言動となって表れてくるわけです。

一人の人のホロスコープは、その人の生まれた日にちと時間と場所の情報でつくります。生まれた時間のその瞬間の星の位置になりますが、実際にこの10個の天体（惑星）は常に動き続けています。いまも動き進んでいるのです。

生まれた瞬間の天体（惑星）と、いまの天体（惑星）の位置関係。そしてこれからも進み続ける天体（惑星）の位置関係を読むことで、その人の個性だけでなく、これから起こるその人のテーマを知ることができるのです。

いま動いている10個の天体（惑星）と、これからの10個の天体（惑星）の動きは、現代では計算されて書籍や、インターネットなどでも知ることができます。

その動きを読み解くことで、たとえば、結婚のタイミング、仕事での成果が得られるタイミングなどもわかってしまいます。

結婚のタイミングがわかっているのに彼氏がいない……。というとき、あなたなら、どのような行動をしますか。

できるだけ自分の理想の相手を見つけようと、必死で婚活パーティなどへ参加したり、お見合いをしたり、という行動をするかもしれません。

もしくは、今回のタイミングは諦《あきら》めて次回のタイミングが来るまで、もう少し準備しようとするかもしれません。その選択と覚悟が事前にできるのです。

仕事の成果でも同じです。せっかくいままで積み上げた成果が出るタイミングが、たとえば2年後だとわかると、その2年間を、もっともっと成果を上げようと頑張るかもしれません。でも2年後に成果が得られるのだったら、それまで適当に過ごそうとサボってしまうかもしれません。

同じタイミングでもその人が将来どのような状態でいたいか、どのような成果にしたいか、というのはその人の行動と感じ方、考え方次第で未来の姿や得るものも違ってきます。

この本では牡羊座の個性についてお話ししていきますが、今後あなたが自分のホロスコープを見る機会があるときは、あなたの未来のテーマとタイミングもぜひ合わせて見てください。

そしてそのタイミングに合わせて計画を立てたり、実際に行動を起こすと、チャンスをつかみ損《そこ》ねることがなくなります。また同時に覚悟もできるので、不運や思いがけない出来事に遭遇《そうぐう》しても、振りまわされることがなくなります。

自分の個性と未来のタイミングを知り、自分の人生を満喫していきましょう。

生きる意思や基礎になる太陽星座

太陽星座が牡羊座の男性は猪突猛進《ちょとつもうしん》タイプが多い

テレビや雑誌などでよく知られている12星座占いは、「○月○日生まれは○○座」というように、生まれた月日で星座がわかるように表しています。

本来、西洋占星術は、生まれた日にちだけの星座だけでなく、10天体（惑星）を総合的に読みますが、そのなかでも、生まれた日にちの星座は、生きる意思や基本となる資質などを表すため、とてもわかりやすく、その人の特徴を知ることができます。

それは10の天体の太陽の位置で見るために、「太陽星座」ともいわれます。

この太陽星座というものは、その人がどのようにして、いまの人生をこの社会で生きていくか、どのような生き方をするかという、その人の社会的人生の基礎となる部分であり、基本となる性格を表しています。

たとえば、生まれた場所や環境は違っても、牡羊座生まれの男性はプライドが高く、猪突猛進タイプでオレ様的な言動をとるという共通点があります。本人は隠しているつもりでも、なかなか隠しきれず、周囲は同じ印象を受けます。

生まれた地域や家庭環境、出会う人や関わる人の違いがあるにもかかわらず、同じ星座の人は同じような言動になってしまうのです。

太陽星座というだけあって、太陽の眩《まぶ》しい輝きのように、その人はその星座らしくあるときがいちばん輝き、その人らしくいられるのです。

［12の星座］（日にちは生まれた年によって少しずれる場合があります）
牡羊座――3月21日（春分の日）～4月20日生
牡牛座――4月21日～5月21日生
双子座――5月22日～6月21日生
蟹　座――6月22日～7月22日生

獅子座――7月23日～8月22日生
乙女座――8月23日～9月23日生
天秤座――9月24日（秋分の日）～10月23日生
蠍　座――10月24日～11月22日生
射手座――11月23日～12月21日生
山羊座――12月22日～1月20日生
水瓶座――1月21日～2月18日生
魚　座――2月19日～3月20日生

感情のパターンを表す月星座

同じ牡羊座男子でも印象がそれぞれに違う理由

太陽は眩しく輝き、昼間を明るく照らし、月は夜の暗闇《くらやみ》の静かな時間に輝きます。明るい部分と影の部分、太陽もあれば月もあるように、人をみるときに表の面だけでは充分ではありません。月にあたる影の面も同時にみていきます。影の面といっても暗いということではなく、隠された部分ということです。そんな表と裏が一つになることで、その人の人生の豊かさや広がりが出てくるのです。

このように、人の表と裏の特徴を表す星として、太陽星座の次に、その人の人生に強く影響を与えるのは月星座です。

太陽の星座が社会での行動や基本になる人生の表の顔だとしたら、月は内面の潜在《せんざい》的な心の動きという裏の部分になります。

この月星座というのは、その人が生まれたとき、月がどの位置にあったかということで、決められています。

月星座が表すものは、その人の感受性や感情のパターンです。

太陽が生きる意思であり、社会的な生き方である反面、月は感受性や感情という、その人の見えない、隠れた部分となります。

感じるということは日常のなかで誰もがもつ感情です。

喜び、悲しみ、怒り、諦め、驚き、嫌悪《けんお》感など、一日のなかでも、さまざまに感情が動くのではありませんか？

でも感じたことは、言葉にしない限り心にしまわれて、表に出ることはありません。

とはいえ、この感情によって、その人の個性も人格も出るもので、それだけ心という部分は大切なものなのです。

その感情のもち方にも12星座の特徴がそれぞれあてはめられており、感じ方がその月星座特有の性質となります。

たとえば、見える部分の太陽星座が牡羊座でも、感情の月星座は違う星座という場合もあるのです。社会的には強さが出ても、心そのものは優しい、という人もいることになります。

月は10個の天体（惑星）のなかでもっとも動きの速い星です。約2.5日で次の星座へ移動します。夜空の月のかたちを見てもわかるように、日に日にかたちをかえて移動していきます。

このかたちはホロスコープでもわかります。

たとえばホロスコープで、生まれた日の太陽（☉）の位置と生まれた時間の月（☽）の位置がほぼ重なっていたら、新月生まれとなります。また、生まれた日の太陽（☉）と生まれた時間の月（☽）の位置が真反対の１８０度の位置の場合は満月生まれとなります。

１ヵ月のあいだでも、月は日々位置とかたちを変えて動いています。

それだけ動きの速い月なので、太陽星座が同じ牡羊座生まれでも、月の位置によって月星座は違ってきます。

たとえば、新月のタイミングでの牡羊座生まれの人は、太陽星座も月星座も牡羊座となります。また満月のタイミングでの牡羊座生まれの人は太陽星座が牡羊座、月星座が天秤座となります。

太陽星座と月星座が同じ牡羊座の場合は、生きる意思と感情が同じ星座なので、迷うことなく牡羊座らしい生き方と、感じ方ができます。

反対に太陽星座が牡羊座で月星座が天秤座の場合は牡羊座らしく見えるけど、感情面で天秤座の要素が含まれてきます。このとき、二つの異なる星座の要素が一人のなかに存在するという状態なので、一見牡羊座に見えていても、その人の内面では生きる意思とは違う星座の性質も心のなかであらわれてくるので、葛藤《かっとう》や迷いが生まれています。

この葛藤や迷いという感情は、その人だけが感じることであり、周囲の人にはわかりにくいものです。

月星座はインターネットのさまざまなサイトで調べることができます。

調べるときは、生まれた日にちだけでなく、生まれた時間がわかると、より正確な情報が得られます。月は動きが速いので、少しの時間の差で月星座が違う星座となる場合があるのです。

でもどうしても生まれた時間がわからないという人は、生まれた日にちの正午と設定して調べることができますので安心してください。

では、次に月星座の性格と特徴をあげてみましょう。

【月星座の性格と特徴】
牡羊座：目標に向かって積極的に突き進むことのできる、熱いハートの持ち主。恋愛では行きすぎて、不倫もおかまいなしで突っ走る傾向あり
牡牛座：温厚でマイペース、穏《おだ》やかで感受性豊か。でも納得がいかないことには頑固《がんこ》

双子座：好奇心が強く器用。言語や情報を扱うことを好む。きまぐれで二面性をもつ
蟹　座：愛情が深く世話好き。感情の浮き沈みが激しく仲間意識が強い
獅子座：明るく陽気で創造力豊か。親分肌で誇《ほこ》り高い
乙女座：繊細で清潔好き。分析力が高く几帳面《きちょうめん》。他者への批判精神もある
天秤座：調和を大切にし、品格を重んじる。対人関係においてもバランス感覚抜群《ばつぐん》
蠍　座：隠し事や秘密が得意。嫉妬《しっと》心や執着《しゅうちゃく》心が強い。真面目でおとなしい
射手座：精神的成長や探求を好み、自由を愛する。移り気で飽《あ》きっぽい
山羊座：管理能力と忍耐力がある。出世欲をもち、堅実的な計算能力が高い
水瓶座：独創的で楽天的。多くの人やグループとのつながりや交流ができる
魚　座：感受性が豊かで優しさに溢《あふ》れ、涙もろい。自己犠牲的な愛情の持ち主

太陽星座の牡羊座と月星座の関係

彼の月星座は何ですか？

牡羊座の基本となる性格に、月星座が加わることで同じ牡羊座でも、感情の部分の違いがはっきりとわかります。月星座を組み合わせることで裏の顔がわかるということです。

生まれた日にちからわかる太陽星座が牡羊座と、心を司《つかさど》る月星座の12星座との組み合わせの特徴を見てみましょう。

基本的に牡羊座らしい性格であっても、感情の部分で心配性な面をもっていたり、慈《じ》悲《ひ》深い感情をもつ人もいて、表面上ではわからないことが、次の表でわかります。

【太陽星座が牡羊座×月星座男子の特徴】

牡羊座×月が牡羊座：迷いなく突き進み、後ろは振り向かない。怖いものなしの勇者
牡羊座×月が牡牛座：突き進む力強さと粘《ねば》り強さを兼ね備え、欲求に素直
牡羊座×月が双子座：大胆で頭の回転がよい。おしゃべりで楽天家
牡羊座×月が蟹　座：感情の起伏《きふく》が激しく自己主張が強い。直感的で情緒不安定
牡羊座×月が獅子座：自己中心でロマンティック。創造力とバイタリティー溢れる
牡羊座×月が乙女座：自己主張をする心配性。理屈っぽい完璧主義者
牡羊座×月が天秤座：勇敢《ゆうかん》で優柔不断。周囲に気遣いのできる目立ちたがり屋
牡羊座×月が蠍　座：情熱的で一つのことを貫《つらぬ》く。逆境にも強いタフな人
牡羊座×月が射手座：明るく自信家であり挑戦者。熱しやすく冷めやすい
牡羊座×月が山羊座：野心家でやり手、根っからのリーダー体質
牡羊座×月が水瓶座：自由で独立精神旺盛《おうせい》な新しいもの好き。視野が広く社交的
牡羊座×月が魚　座：慈悲深く、せっかち。夢見がちで柔軟だけど大胆

星のパワーを発揮する10天体の関係

12星座は守護星に支配されている

12星座には10の天体が守護星となり、12星座の基本的な特徴に10の天体の表す性質が影響を及ぼしています。

この守護星は支配星やルーラーとも呼ばれており、12星座はこの守護星に支配されていることになります。

長い歴史のなかでも、占星術の初期の頃は太陽・月・水星・金星・火星・木星・土星という7つの星で考えられており、その後、天王星・海王星・冥王星が発見され、占星学のなかに組み込まれてきました。

表では2つの守護星をもつ星座がありますが、(カッコ内)は天王星発見前の7つの天体の時代にあてはめられており、天王星発見後も副守護星として取り入れています。

◉12星座と10天体(惑星)

12星座	守護星:天体(惑星)	表すもの
牡羊座	火 星	勇気・情熱・開拓・意思と行動の傾向
牡牛座	金 星	愛・美・嗜好・楽しみ方
双子座	水 星	知性の働かせ方・コミュニケーションと能力
蟹　座	月	感受性・潜在意識・感情の反応パターン
獅子座	太 陽	活力・強固な意思・自我・基本的な性格
乙女座	水 星	知性の働かせ方・コミュニケーション能力
天秤座	金 星	愛・美・嗜好・楽しみ方
蠍　座	冥王星	死と再生・洞察力・秘密
	(火星)	勇気・情熱・開拓
射手座	木 星	発展・拡大・幸せ・成功
山羊座	土 星	制限・忍耐・勤勉
水瓶座	天王星	自由と改革・独創性
	(土星)	制限・忍耐・勤勉
魚　座	海王星	直感力・奉仕
	(木星)	発展・拡大・幸せ・成功

蠍座・水瓶座・魚座が、2つの守護星をもっていることになるのです。

そしてこの守護星のそれぞれの特徴は、表のように12星座に強く影響します。たとえば牡羊座は火星のもつ勇気・情熱・開拓というパワーを発揮しやすい星座となります。

2

Basic Style

牡羊座男子の基本

牡羊座男子の特徴

いつも先頭をいくような勢いがある！

ではいよいよ、牡羊座男子の性格の特徴を調べてみましょう。

西洋占星学では春分の日（3月21日頃）を1年の始まりとしています。

春分の日から始まる牡羊座は、12星座でスタートを切る第1番目の星座です。

スタートを切って先頭をいくには、勇気がないとできません。それだけに牡羊座は他の星座よりも勢いがあります。

たとえば、車のレースでいちばん最初にスタートする車は、そのスピードが他の車よりも速くなくてはなりませんし、エンジンも勢いがないとスタートダッシュはできません。

瞬発力も必要です。他の車の様子を考えている時間はありません。それくらいの勢いと無鉄砲さがあるのが牡羊座男子なのです。

またこの春分の日を、西洋占星術では1年の始まりとしていると同時に、このとき（春分の日）の星の位置が、その1年の傾向を表します。

そんな1年を象徴する大切な日に位置づけられた、牡羊座の基本の性格を見てみましょう。

守護星：火星
幸運の色：真紅・黄色・紫
幸運の数：9
幸運の日：18日・27日
幸運の石：ダイヤモンド・ルビー・ガーネット
身体の部位：頭部、顔面、脳
その他：スリル・冒険・刃物・園芸

【「牡羊座男子」の資質チェックシート】

□ せっかちである
□ よく考えずに先に行動している
□ ゆっくり、のんびりしているのが嫌い
□ はっきりしない人が苦手
□ コソコソしない
□ 好き嫌いがはっきりしている
□ 積極的だと言われる
□ 嘘が下手
□ ケンカっぱやい
□ 熱いハートの持ち主

これらの性格が3つ以上あれば「牡羊座」の典型男子となります。

太陽星座が牡羊座でも、それ以外の惑星の資質が強い場合は「あてはまらない」ということがあります。

たとえば、太陽星座は牡羊座なのに、月星座が他の星座になった場合は牡羊座の性格を隠したりすることができます。いや、できるはずですが、もともと牡羊座男子は、隠すことが苦手なのです。そこを、女性はよく見て、牡羊座男子の本当の性格を見抜かなくてはなりません。

牡羊座男子のキーワード

行動力！　チャレンジ精神！　リーダーシップ！

あなたは自分はどんな性格だと思いますか？　人には、どんな人だと思われているでしょうか？

その性格は親からの遺伝によるところも大きいでしょうが、じつは、親とはまったく似ていない性格の人も大勢います。

ではその性格はどうやって形づくられたものかといえば、それは生まれたときの宇宙の環境、つまり星の位置によるものと考えるのが西洋占星学です。

12星座には、それぞれ性格の特徴があります。

牡羊座男子もよいところ（長所）がたくさんありますが、そのよいところが過剰《かじょう》にあらわれて、バランスを崩《くず》してしまうと、一挙に短所にもなります。

［長所］　　　　　　［短所］
行動力がある　　↕　準備不足
情熱的　　　　　↕　ケンカになりやすい
チャレンジ精神　↕　失敗を学ばない
勇気がある　　　↕　無謀
リーダーシップ　↕　独断・独走

たとえば行動力がある牡羊座男子は、細かい段取りや、事前の確認などは気にしません。

「行こう」と思ったら、もう前に足は出ています。「◯◯しよう」と思ったら、もう始めちゃっています。

そうなると、必要なものをもっていかなかったり、必要な人に連絡をしなかったりと、準備不足から、しなくてもよいミスを起こしてしまいがちです。

情熱的に物事を進めたり、考えたりできるのですが、自分の考えと違う人や納得できない状況になると、すぐに頭に血がのぼり、衝突《しょうとつ》してしまうのです。

これによって、よきメンターや友人を失う人さえいます。

常に何かを求め、前に進みたい牡羊座男子は、チャレンジ精神も旺盛です。道なき道も突き進める勇気とパワーを兼ね備えているので、新しい目標が見つかると、すぐに飛びつきます。

でも常に前進することしか考えていないので、周囲を見ていません。たとえ壁にぶつかっても、また前に前に進んでいくことしか考えていません。

そのため、壁にぶつかってケガをしたり、痛い思いをしたことを忘れています。ひょっとしたら壁にぶつからない方法があったとしても、気にせず前進していきます。

道なき道を進める牡羊座男子にはもちろん、勇気があります。この「前に進む勇気」は、12星座のなかで牡羊座が一番です。ただ、その勇気というパワーだけで、自分勝手に突き進むことがあります。周囲のことや自分のことをよく振り返らずに突き進んでしまうのです。

これは一緒に仕事をする仲間や家族から見ると、無謀な行動となってしまいます。ある日突然、何の前触れもなく行動を開始する牡羊座に、周囲の人たちはあぜんとして、人によっては取り残されたような寂しさを感じてしまうことがあります。

牡羊座のリーダーシップには、チームワークや全体を見るというような大きい視野はありません。

みんな一緒に進もうとか、みんなと協力してそのチームを率《ひき》いるというより、自分が目立つこと、自分が先に進みたいから進むのだという思いが優先してしまいがちです。

牡羊座男子は、その長所を伸ばせば、勇気あふれる頼れる男性ですが、長所も過剰に働けば短所に変化します。

牡羊座男子とうまくつき合っていくには、彼の長所を上手に伸ばしつつ、過剰になる前に、ピシッと止める、そんなきびしい対応も、ときには必要です。

牡羊座男子は夫として頼れる魅力も実力も備えていますが、コミュニケーション不足から生じるアクシデントも起こりがちで、その意味では12星座中、楽しみも多い代わりに、いちばん苦労するのがこの星座の妻です。できるだけ温かい気持ちで接してあげたいものです。

神話のなかの牡羊座

勇敢な物語に牡羊座の欠点が隠されている

夜空に広がる星たちは、さまざまなかたちをつくり、その星たちに人物や生き物をあてはめて、物語も多くの神話として語りつがれています。

あるときは勇者であったり、あるときは動物や鳥など生き物、また日常使う道具やモノであったりします。

現代では夜も暗くならない都会や、空気の悪い場所では、星そのものが、とても明るい光を放つ星以外、星座というかたちで見られる機会は、少なくなってきています。

でもその受けつがれた話があるからこそ、現代の私たちは、夜空の星座を見つけ出せるのです。

語りつがれた神話は、12星座の牡羊座にもあります。

牡羊座はギリシャ神話のなかで、神々の王であるゼウスが、使いとして送った金色の毛の羊とされています。

この金色の毛の羊は、殺されそうになった王子と王女の兄妹を救いに、使いとして送り出され、助けに向かいました。

そして無事に、この二人の兄妹を救い出すことができました。

しかし、あまりの勢いのこの羊のスピードに、牡羊の背から妹の王女が投げ出されてしまったのです。

投げ出された妹の王女は、落ちた衝撃で亡くなってしまったそうです。その落ちた妹の王女を振り返りながら走る羊の姿が、そのまま牡羊座になったとされています。

牡羊座の記号は「♈」として表されます。

これは、そのときの金色の毛の羊のツノからシンボルとなりました。

この神話でもわかるように、牡羊座はとても勇敢《ゆうかん》で積極的です。

ただそのはげしい気性のままに突き進むために、周囲への配慮や、細かな部分での視野に欠けてしまいがちです。

神話のなかでも勇敢に兄妹を救い出したのに、途中、自分の進む道に夢中になり、一刻も早く帰ろうとして、妹の王女を振り落としてしまうという、痛いミスを犯してしまいます。

その性質は、牡羊座男子の特徴をよく表しています。

たとえば、牡羊座男子は勇敢で情熱的、リーダーシップもすぐれています。

ただあまりにも直線的に目標に突進していくので、周囲への思惑や目標までの細かい手順や準備などが、苦手でしっかりできません。

「勢いで行っちゃおうぜ!」など、「ノリ」でなんとか片づけてしまうときもあります。

また「運まかせ」という、なんとも能天気な一面もあります。

パイオニア精神と進歩性はあるのですが、周囲の状況は見えていませんし、見ようともしません。

一つ目標を達成した牡羊座男子が通りすぎた後には、

「仲間がいない……」

「何かが足りない……」

「敵が増えた（できた）……」

など、いつも彼の後には、何かが足りない感じになりがちです。

新しい企画をチームで進めるときでも、目標ばかりを追いかけてチームワークや、他の部署とのコミュニケーションを忘れてしまい、一人で暴走してしまいます。

守護星の火星の影響で、すぐ熱くなるところさえ抑えられればよいのですが、それができないところが残念です。しかしもともと頭は悪くありませんので、外向きの仕事が合っているかもしれません。

ただ一点、ここを注意しなければならないのは「刃物好き」のところです。神話のなかの牡羊のように、事件を起こさないことです。

牡羊座男子の性格

まるで生まれたての赤ちゃんのような存在

星座にはそれぞれ、キーワードがあります。

牡羊座のキーワードは「I am（我在り）」です。

このキーワードが示す、「我」というのは、自分の命の始まりを表します。

人はまず、人として自己の始まりがあり、そこからすべてが始まり、存在します。

感情や人とのかかわり、社会とのかかわりの前に、その人の「個としての命ありき」なのです。

イメージは、まるで生まれたての赤ちゃんのような存在です。

人としての始まりを表す牡羊座は、自己主張や自分の存在というものを追求します。

常に、「自分はどうしたいか」「どうありたいか」というのが牡羊座男子の最優先の重要事項なのです。

また12星座のスタートを切る牡羊座は、とても情熱的で行動力いっぱい。先が見えない状態でも、自分で道を切り開き、道のないところでも、自ら新しい道を切り開いていくパワーがあります。

むしろ道なんてないほうが、牡羊座はテンションが上がるのです。人のつくった道や、誰かの後についていくことは苦手ですし、できるならしたくありません。

そして自分のつくった道はおしゃれでなくてもいいし、美しくなくてもよいのです。機能性も必要としません。

でも目立ちたくはあります。

道をつくってきたことに、そしてがんばっている（がんばってきた）自分に、大満足なのです。

その道は、ただただまっすぐで正直です。

本人は自分の目標に向かい、ただまっしぐらに進んでいるだけなのですが、周囲は牡羊座男子の勢いに巻き込まれることもしばしばあります。

また周囲から、知らないあいだに反感を買ってしまったり、敵をつくりやすいのも牡羊座特有の性質です。

繰り返すようですが、牡羊座男子は「I am」、つまり自分中心です。もしこの男子と恋愛、結婚するとなると、女性は不利かもしれません。

そういう男子なのだと割り切れる女性、そういう彼にトコトン寄りそって応援できる女性であれば、うまくいきます。

3

Future Success

牡羊座男子の将来性

牡羊座男子の基本的能力

自分の世界で活躍できる強いエネルギーの持ち主

牡羊座は好きなことや、目標など情熱を注《そそ》げるものを見つけると、そこに向かって全エネルギーを注ぎます。そのエネルギーは、12星座のなかでいちばん強いのです。たとえば、有望な将来性の一つとして、スポーツ選手などのように、若いうちから熱心に取り組み、その道で記録を残したり、活躍したりもできます。また起業や、自分が中心となることのできる世界、目立つポジションの場合でも、大きなチャンスをつかみやすく、牡羊座の才能が発揮《はっき》できます。

でも、コツコツとした細かな作業や、裏方の地味な作業ができません。すぐイヤになり、投げ出してしまいます。途中で投げ出すことで、信用をなくしたり、自分の望む目標が叶えられないとストレスとなり、何事にもやる気をなくしてしまいます。

同時に、生まれもった強いエネルギーを発散できず、そこでギャンブルなどに向かう場合もあります。

せっかくの大きなチャンスの途中で、自分の納得いかない出来事に遭遇し、かかわる人とケンカをして大きなチャンスを逃してしまうこともあります。

そうなると悪循環で、ギャンブルや暴力などに逃げたり、それをはけ口にしてしまいます。

エネルギーの発散方法を仕事や事業などに注いだり、もしくは趣味のスポーツや体力を使うようにすると、ストレスが少なく過ごせます。

もしあなたの彼が何かに失敗したときには、からだを動かすスポーツでエネルギーを発散させましょう。また、キャンプ場など広々とした野外で、一緒にストレス発散することも悪くありません。

【牡羊座男子のスペック】

行動力：★★★★★（5つ星）　常に何かを始めるときの勢いは素晴らしい

体　力：★★★★★（5つ星）　基本元気

情　熱：★★★★★（5つ星）　目標達成の情熱は12星座のなかでもトップクラス

協調性：★★★☆☆（3つ星）　自分がリーダー的ポジションの場合、発揮される

堅実さ：☆☆☆☆☆（ほぼなし）　コツコツと地味な作業や行動はできない

知　性：★☆☆☆☆（1つ星）　まっすぐな性格のため、計算やずる賢いことは苦手

感受性：★☆☆☆☆（1つ星）　女性の細やかな気持ちや感情を察することが苦手

総合的な将来性：★★★☆☆（3つ星）

※スペックは、英語specificationの略語で、機械やパソコンの機能を表す言葉です。
最近では意味を広げて、学歴や能力など人にも使用されます。

牡羊座男子の適職

指示を待つだけの仕事では力を発揮できない

牡羊座の男子は、体力と情熱と闘争心という、素晴らしい才能をもっています。

職業については、女子でも社会での活躍の仕方は牡羊座男子と同じです。

何か一つの目標に向かって、責任感や正義感を満たしてくれる職業に適しています。

また自分が先頭（リーダー）のポジションで指示する立場や、中心的な位置になれる立場で、新しい挑戦や新しい企画などに取り組むことに情熱を感じます。

目立つことも嫌いではありません。むしろ目立ちたいのです。

デスクワークでコツコツと単調な作業には向いていませんし、苦手です。

誰かの下で指示を待ち、指示通りのことをこなすことには、やる気が出ません。

起業したり、リーダーとして責任をもち、自分で何かを始めたりすることで、才能を開花できます。また火星と関係が深い牡羊座です。火に関係する職業、たとえば消防士や、炎を扱う刃物製造、あるいは花火師なども適職です。

大学を出て大企業に就職するより、早くから起業を目指して苦労するタイプのほうが、もしかすると大成功するかもしれません。

闘争心が強い牡羊座。ケンカや暴力という方向にエネルギーを発散し、ギャンブルにのめり込み、パチプロになる、または反社会的な組織での活動に向かう人もいます。

【向いている職業】

スポーツ選手・警察官・消防士・刃物製造・美容（理容）師・営業職・販売業・記者・マスコミ関係・会社経営・指導者・レーサー・監督・冒険家・探検家・建設業・作家など

【牡羊座男子の有名人】

佐藤健　滝沢秀明　堂本剛　徳井義実　千原ジュニア　吉田拓郎　小泉進次郎　大野靖之

中谷彰宏　山﨑拓巳　望月俊孝　大泉洋　三浦春馬　水嶋ヒロ　山下智久　内田篤人

牡羊座男子の働き方

コレと決めたら、脇目もふらずに力を尽くす

一つの目標へ向かうことや、何かと（誰かと）競《きそ》うことには、とてもやる気を出す牡羊座男子です。

「コレをやる」「コレをやりたい」と牡羊座男子は、自分の目標が見つかると、そこに突進していきます。

面白い話に、ある工場でゴキブリとねずみの繁殖に困っていました。そこに牡羊座の新入社員が入ったところ、数ヵ月のうちに一匹もいなくなった、という話があります。

この社員は牡羊座男子だったのですが、のめり込む強さによって、駆除《くじょ》してしまったのです。これが出世の糸口になったそうです。

目標に突進するので、仕事自体のスピードも速くなります。

コツコツと、ゆっくりと丁寧に仕事をするタイプではありません。結果を早く出したいという行動から、周囲には仕事が速い人と思われるでしょう。実際、脇目もふらずに目標達成したいので、仕事の進め方は速いのです。飛び込み営業や、まったく面識のない人や場所でも、グイグイ食い込んでいくことができます。

個人での行動力は、12星座のなかでもトップクラスです。

新しい企画や新規開拓に情熱を注ぎ、それなりの結果も出せます。

ただし、周囲の空気は読めません。何人かの人と一緒に、同じペースで何かをつくり上げたりすることは苦手なのです。

チームでの活動のときは、牡羊座男子をリーダーとし、上手に牡羊座男子の闘争本能や行動力をサポートすると、チーム全体を引っ張っていく頼もしい存在になれます。

単独プレイと空気を読めないという点で、敵もつくりやすくなります。

あまりに仕事に夢中になりすぎて、エラそうな態度や命令口調になったりします。またストレスなどにより、キレやすくなります。

一緒に仕事などでかかわる場合は、「敵」なのか「味方」なのかを明確にするだけで、牡羊座男子のあなたへのアタリも違ってきますよ。

味方にしたい場合は、ちょっと褒《ほ》める。感謝する。ということを態度で、わかりやすく表現してください。

たとえば、「○○さんの仕事の速さは素晴らしいですね」とか褒める言葉をわかりやすく、頻度《ひんど》は多めにかけてあげましょう。褒められた牡羊座男子は喜んで、いままで以上に張り切りますし、あなたのことも、自分のことをよく見てくれている、ということで評価が上がります。

間接的に伝えたり、遠まわしに伝えたり、といった裏工作などは、牡羊座男子には通じません。

牡羊座男子の金運

情熱や行動力のエネルギーは金運と正比例する

牡羊座男子は積極的な牡羊座の基本性格を発揮できるかどうかが、その人の金運を左右します。

牡羊座の開拓精神と勇敢さを活かし、起業して会社経営を始めたり、リーダー的なポジションや体力勝負の職業が適しています。

そこで自分が活発に動くことで、収入を増やしていくことが大事です。情熱や行動力というエネルギーは、金運と正比例します。

たとえば世界的に活躍できるスポーツ選手なども、夢ではありません。かりにあなたが牡羊座の彼をもったなら、常に応援し続けることが大切です。

彼が、将来どの分野であっても有望だと信じたのなら、その信頼をもち続ければ、それなりの大金を手にすることができます。

ところがプライドの高い牡羊座男子は、周囲への細かい心くばりや愛想笑いなどできません。

また細かい計算や計画などを立てて、コツコツと貯蓄するために地味な職業についたり、人の顔色をうかがいながら商売をすることも苦手です。このような牡羊座にとって、ストレスとなるような職業では金運どころではありません。

ストレスをかかえ、やる気をなくしたり、向いていない職業で、自分でも気づかないうちに周囲ともめたりすることで、協力者を減らしてしまうこともあります。

チャンスや協力者を減らすということは、牡羊座男子の活躍する場所も減らしてしまいます。そうならないように、周囲とうまくコミュニケーションをとるように心がけることが、牡羊座男子の金運アップのカギになります。

またお金に対する価値観も直感的です。細かいことには無頓着《むとんちゃく》のところもあるので、金遣いが大胆になります。

でもその反面、目標に向かって突き進むことはできます。

たとえば、会社を設立するための資金集めや、家を買うための貯蓄など、目標が決まると、そこに向かって突き進みます。いつもは頭を下げたりできなくても、資金集めのためには頭も下げられます。家を買うために貯金もします。

金運も牡羊座男子の目標の立て方で大きく変化します。

こう見てくると、牡羊座男子ほど、よき伴侶《はんりょ》に恵まれないと、実力が出ないということがわかるでしょう。

人生の節々で岐路《きろ》に立つことの多い牡羊座だけに、一人で暮らすことは困難です。後ろから励《はげ》まし、脇から支えてあげる女性がいるかどうかで、彼の運命は大きく変わるでしょう。

もしあなたが牡羊座男子を愛しているなら、全身全霊を捧《ささ》げるつもりで、彼のよき伴侶になってはどうでしょうか。

牡羊座男子の健康

頭部に関する病気に注意

太陽の位置や月の満ち欠け、という星たちの動きは自然界だけでなく人の身体にも大きな影響を与えています。

たとえば、太陽の光が輝く昼間は活発に動き、夜になると眠くなるという日常の身体の現象をはじめ、女性の生理周期は月の周期とほぼ同じです。また、満月の夜に、いっせいに産卵する、ウミガメや珊瑚《さんご》の例もあります。人間でも満月の夜に性交する男女が多いことを、以前、英国の軍隊が確認したレポートもあるほどです。

このように自然界だけでなく、人の身体も星の動きに多く影響を受けていることから、医学の父と呼ばれるヒポクラテスも占星学を研究し、実際医療に活用していました。これを占星医学といいますが、12星座と身体の部位の関係は否定できません。

［星座］　　［身体の部位］
牡羊座――頭部、顔面、脳
牡牛座――耳鼻咽喉、食道、あご、首
双子座――手、腕、肩、肺、神経、呼吸器系
蟹　座――胸、胃、子宮、膵臓、食道、消化器系、婦人科系
獅子座――心臓、目、脊髄、循環器系
乙女座――腹部、腸、脾臓、神経性の病気、肝臓
天秤座――腰、腎臓
蠍　座――性器、泌尿器、腎臓、鼻、遺伝性の病気
射手座――大腿部、坐骨、肝臓
山羊座――膝、関節、骨、皮膚、冷え性
水瓶座――すね、くるぶし、血液、血管、循環器系、目
魚　座――足（くるぶしから下）、神経系

前の表からわかるのは、牡羊座は「頭部・顔面・脳」を表します。

ここで重要な点は、健康問題が起きやすいということは、その部位をしっかり使っているともいえるのです。牡羊座が「頭部」を指すということは、頭脳をよく使うということを意味します。つまり頭がいい人が多い、ということです。この前提で考えることが大切です。

牡羊座の健康に関しては、頭部に関する病気などに注意が必要です。

牡羊座の基本の性格として闘争心が強く、体力もあります。基礎体力がしっかりしているので、多少の環境変化などには影響されません。

ただし、闘争心が強いので、頭に血が上りやすくなるでしょう。血圧に注意しましょう。高血圧や脳梗塞、脳出血やくも膜下出血など脳や頭部に関する病気など、目標達成までけっしてスピードをゆるめない性格のため、過酷な労働もします。過酷な労働でも、体力があるので、自分の健康に過信するのです。

また、過酷な労働だけでなく、飲酒、性行為など、自分の体力の過信から病気を招きます。

頭に血が上りやすく、頭部にエネルギーを多く使ってしまうので、その分、下腹部に使うエネルギーが不足気味になります。

下腹部にある内臓のなかでも、第二の脳といわれる腸の病気も注意が必要です。怒りやストレスの影響が大きくなります。

またケンカっぱやい性格から、ケンカによるケガにも注意が必要です。ケンカだけでなく、イライラがたまり、周囲への視野が狭くなります。

たとえば、怒りでプリプリしながら歩くと、視野も狭くなります。視野が狭くなると、人にぶつかったり、少しの段差などで転んでケガしたり、時には車にぶつかって大ケガになったりします。頭部の病気やケガは命に直結します。

歳をとると誰でも運動能力が落ちてきます。怒りやせっかちな性格は、若いうちから常にコントロールすることを心がけましょう。

牡羊座男子の老後

趣味や地域の集まりでも頼りになる存在！

牡羊座男子は12星座のなかでいちばん、基礎体力があります。病気やケガなどで寝たきりにならないかぎり、何か趣味や娯楽、仕事などで自分なりの目標を見つけては、それに夢中になり充実した老後を過ごせます。

趣味やご近所の集まりなどでも、なにかと目立とうとしたり、リーダーになったり、みんなを引っ張ってくれる頼りになる存在にもなれます。

ただし、闘争心や怒りのコントロールができないまま年齢を重ねると、キレる老人の代表になります。

年齢を重ね、自分の向かう目標がなくなり、自分の活躍する場所がない。そんなときに注目を浴《あ》びたい、昔のように何か目標や楽しみが欲しい、という欲求が空まわりするのです。

すぐカッと頭に血が上りやすく、ケンカっぱやい性格をもつ牡羊座男子は、老後も自分なりの楽しみや趣味で、エネルギーを発散させましょう。できれば周囲で、それを応援することです。

怒りの対応などで、もし周囲があまりにも手にあまるようでしたら、一度脳の検査を受けることも大切です。

牡羊座は生まれたときから、脳や頭の病気やケガに注意が必要な星座です。

年を重ねるごとに、血圧や脳へのダメージなどは、用心深くなったほうがよいでしょう。

4 Love

牡羊座男子の恋愛

牡羊座男子が惹かれるタイプ

自分のノリに合わない女性は苦手

牡羊座男子はとにかく、「1番」が好きです。

そんな牡羊座男子の好みの女性は、とにかく自分を1番にしてくれる人です。

それは、1番の女性が好きになってくれることでも満たされます。

元来、古風なタイプに惹かれますが、かといって、おとなしくて従順な女性では物足らない。自分の意見を主張できない女性には魅力を感じません。

また、基本せっかちでプライドの高い牡羊座は、自分のペースやノリに合わせてくれる女性が好きです。モタモタしていたり、自分のノリに合わない女性は苦手です。言葉で言い負かされることも嫌いです。それは常に自分が1番でいたいからなのです。その点、つき合いなれると、意外にわかりやすいでしょう。

牡羊座男子の告白

好きだから告白する、ただそれだけ

牡羊座男子は狙った相手の気持ちなど関係なく、すぐに告白します。空気が読めません。なので、告白のときはムードとか相手の事情とかも関係ないのです。

「自分が好きだから告白する」、ただそれだけです。

そこに何の疑問も関係性も理由も必要ないのです。場合によっては、既婚者の牡羊座男子があなたに告白してくる場合もありますし、独身男子が既婚女性に迫ってくるということも十分ありえます。

それは、彼があなたを好きというよりも、したいという理由のほうが大きいものです。

もちろん誰でもいいわけではありません。あなたとしたいのです。

もしあなたが牡羊座男子に告白することを考えていたら、ストレートにわかりやすく伝えましょう。

裏工作やまわりくどい伝え方をしても、彼の心には響きません。友人に手伝ってもらうことも必要ありません。

「好きです！」

その言葉だけで彼には十分、気持ちは伝わるでしょう。

伝えたら、からだの関係もすぐに始まる、という覚悟でいることです。

牡羊座男子のケンカの原因

彼とより深く結ばれる仲直りのコツ

もしあなたが情熱的な牡羊座男子とケンカをしたら、彼が怒る理由はきっと単純なことです。牡羊座はもともと頭に血が上りやすい星座なのです。特に身近な関係で心許せる女性に対しては、少しのストレスでもキレてしまうことがあります。

彼の不満は、ひょっとしたらあなたに命令されたと感じたせいかもしれません。プライドの高い牡羊座男子はいつもリーダーでいたいので、指示や命令されることが、大きなストレスなのです。そこで、たとえば命令口調ではなく、「お願いね」と柔らかい言葉にかえるだけで、彼のプライドは保たれます。

また別の原因の一つには、あなたの気持ちがわからなくなった、ということもあるかもしれません。牡羊座は素直でまっすぐな星座です。でも人の心、とくに女性の細やかな感情の変化には、どちらかといえば鈍感《どんかん》です。女性から、いま感じていることや状況を説明しないかぎり、牡羊座がそれを察することは期待できません。

たとえば会う時間がとれないときに、ただ「今日は会えない」というのではなく、「最近仕事で忙しくて疲れているから、あなたに会いたいけど、ゆっくり一人の時間をとって休みたいの」というように、具体的でわかりやすい言葉で伝えましょう。

彼は相手の細かい気持ちも上手に理解できないので、もし仲直りをしたかったら、あなたは自分の気持ちや状況を、きちんとわかりやすく説明する必要があります。

正直でまっすぐな牡羊座には、あなたも正直に向き合うことです。

「好き」ということに加えて、「仲良くしていたい」という気持ちを入れた言葉で彼に伝えましょう。あなたの愛情が牡羊座に伝われば、すぐにあなたを許し、受け入れてくれるでしょう。自分の気持ちや彼への愛情を、常にわかりやすい言葉で伝えることで、つまらないケンカを避けられるようになります。

牡羊座男子の愛し方

かなりハードで短期集中型！

牡羊座男子は、とにかく情熱的で体力もあります。

つき合いはじめの頃は、熱心にあなたとコミュニケーションをとるのに必死です。愛情表現も単純で、わかりやすいものとなります。

独占欲もあからさまで、あなたがほかの男子と仲良くすると、すぐにヤキモチをやきます。また愛情の表現として、プレゼント攻撃やサプライズのイベントなどを計画します。でも本当のところは、このプレゼント攻撃やサプライズ企画などは、自己満足のために行動しているのです。

盛り上がっている自分、目立つことが好きな自分という男に、彼女が必ず喜ぶという想定のなか、「オレってすごい」と自己満足に浸《ひた》っています。

体力も精力も強い牡羊座男子のセックスは、かなりハードなもので、短時間集中型になります。それに応《こた》えられる女性でないと長続きできません。

ただし、ここにもプライドの高い牡羊座男子のオレ様があらわれます。

相手に対しての配慮は、ほとんどありません。

自分が気持ちよければいいのです。

自分がヤレたら満足なのです。

雰囲気やテクニックも関係ありません。

牡羊座男子のオレ様セックスは、ちょっとS（サディスティック）な傾向もあります。

もしあなたがM（マゾヒスティック）的傾向であれば、とても仲のよいカップルになるでしょう。

牡羊座男子の結婚

プロポーズも結婚生活も全力投球！

牡羊座男子のプロポーズは恋愛の告白のときと同じように、まずムードや雰囲気を期待してはなりません。

牡羊座男子は結婚したいと思ったときに、すぐプロポーズします。まれに、ものすごく凝《こ》った演出でプロポーズする牡羊座男子もいますが、それは彼女が喜ぶから、という理由ではありません。彼自身が目立ちたい、プロポーズという舞台で、自分が主役になりたいわけです。

そして、そのプロポーズの瞬間、牡羊座男子のテンションはマックス状態です。

あなたが彼と結婚してもいいと思っていたら、即答しましょう。

牡羊座男子はノリが大事なのです。

ひょっとしたら、そのまま婚姻届を出そうという急展開もありえます。

もしあなたの状況が「いま」でなかったら、とりあえず「ＹＥＳ」の返事を告《つ》げて、ゆっくり、その後のことを話し合っていきましょう。

あなたが〝言い訳〟っぽくかわしたり、ごまかしたりすると、彼には〝断られた〟という結論がインプットされてしまうのです。

牡羊座男子に理論は通じません。ノリと勢いが大切なのです。

単純でまっすぐな牡羊座男子は、結婚後もあなたを大切にしてくれるでしょう。

牡羊座男子はリーダーシップと、目標を見つけ、そこに爆進することで、自分の達成感と充実感を得るタイプです。

結婚後、家長としてあなたを守るべきだと思い、彼の考えられることすべてで、あなたと家庭を大切にします。それはとってもあからさまで、やりすぎのときもあるかもしれません。

たとえば、家事にしつこいくらい口を出してきたり、妻の行動にかまいすぎることもあります。

でもそれが彼の精一杯のやり方なのです。悪気や計算はまったくありません。あなたはそんな彼の誠実さを認めてあげて、ときどき褒めることや、感謝の言葉をかけてあげることが大切になります。

ですが、結婚後に浮気の可能性が高いのも牡羊座男子の特徴です。

そして浮気の理由も、とってもシンプルです。

たとえば言い訳が、

「だって好きになったんだもん」

「だってエッチしたかったんだ」

「そのときのノリで……」

という具合です。

そんな単純な理由の浮気ですが、したあとバレバレなのも牡羊座男子の正直なところです。

この浮気ですが、一度浮気したらよっぽど痛い目に合わないかぎり、一回では終わりません。

あちこち目標（女性）ができるたびに、狩りに行きたくなるのが牡羊座男子の資質なのです。

また、もともと頭に血が上りやすい牡羊座です。ケンカやストレス、思い通りにならないことなどがあったとき、それがエスカレートしてＤＶ（ドメスティックバイオレンス）に発展する可能性もあります。怒りの対応やストレスの反応などには、常に注意しましょう。

5
Compatibility
牡羊座男子との相性

12星座の4つのグループ

火の星座、風の星座、水の星座、土の星座

12星座はそれぞれのもつ性質によって、4つの種類に分けられています。

（1）「火の星座」――牡羊座・獅子座・射手座
（2）「風の星座」――双子座・天秤座・水瓶座
（3）「水の星座」――蟹座・蠍座・魚座
（4）「土の星座」――牡牛座・乙女座・山羊座

火の星座（牡羊座・獅子座・射手座）は、「火」のように熱い星たちです。特徴として情熱的であり、活動的で創造的チャレンジをすることで元気になります。

風の星座（双子座・天秤座・水瓶座）は、「風」のように軽やかで自由です。知識欲が旺盛で、社会的なものごとを知的に理解する能力があります。

水の星座（蟹座・蠍座・魚座）は、「水」のようにしっとりしています。感情・情愛を基準に価値判断をします。自分だけでなく、相手の感情もとても重視します。

土の星座（牡牛座・乙女座・山羊座）は、「土」のように手堅くしっかりものです。感覚的な能力が発達し、現実的であり慎重・忍耐力があります。

この4つの分類だけでも、牡羊座との相性がわかります。

（1）「火の星座（牡羊座・獅子座・射手座）」と牡羊座………とてもよい関係

同じ火の性質同士なので、親しい関係になりやすいのです。

（2）「風の星座（双子座・天秤座・水瓶座）」と牡羊座………まあまあよい

火と風の性質なのでほどよく、話し合える関係です。「火」と「風」は仲よしです。火は風が吹くことで大きな炎になり、風は炎を大きくすることに喜びを感じます。「牡羊座・獅子座・射手座」と「双子座・天秤座・水瓶座」は、お互いに成長できる関係を築くことができます。

（3）「水の星座（蟹座・蠍座・魚座）」と牡羊座……ちょっと微妙

火と水の関係は打ち消し合うので、ちょっと微妙な関係です。水が火の炎を、いつも消してしまいます。つまり火のやる気や行動力を、止める役目をしてしまうのです。「牡羊座・獅子座・射手座」と「蟹座・蠍座・魚座」は、互いを理解できず、かりにワクワクすることがあっても、それを相手にわかってもらえないことで、次第にストレスを感じるようになるでしょう。

（4）「土の星座（牡牛座・乙女座・山羊座）」と牡羊座……ちょっと微妙

火と土の関係も、互いに打ち消し合うので、ちょっと微妙な関係です。火は燃えていたいのに、土をかけられることで消えてしまいます。土も、火の熱で熱く燃やされることを嫌います。互いに不満を抱えてしまうでしょう。「牡羊座・獅子座・射手座」と「牡牛座・乙女座・山羊座」は、一緒にいても、居心地が悪いものです。

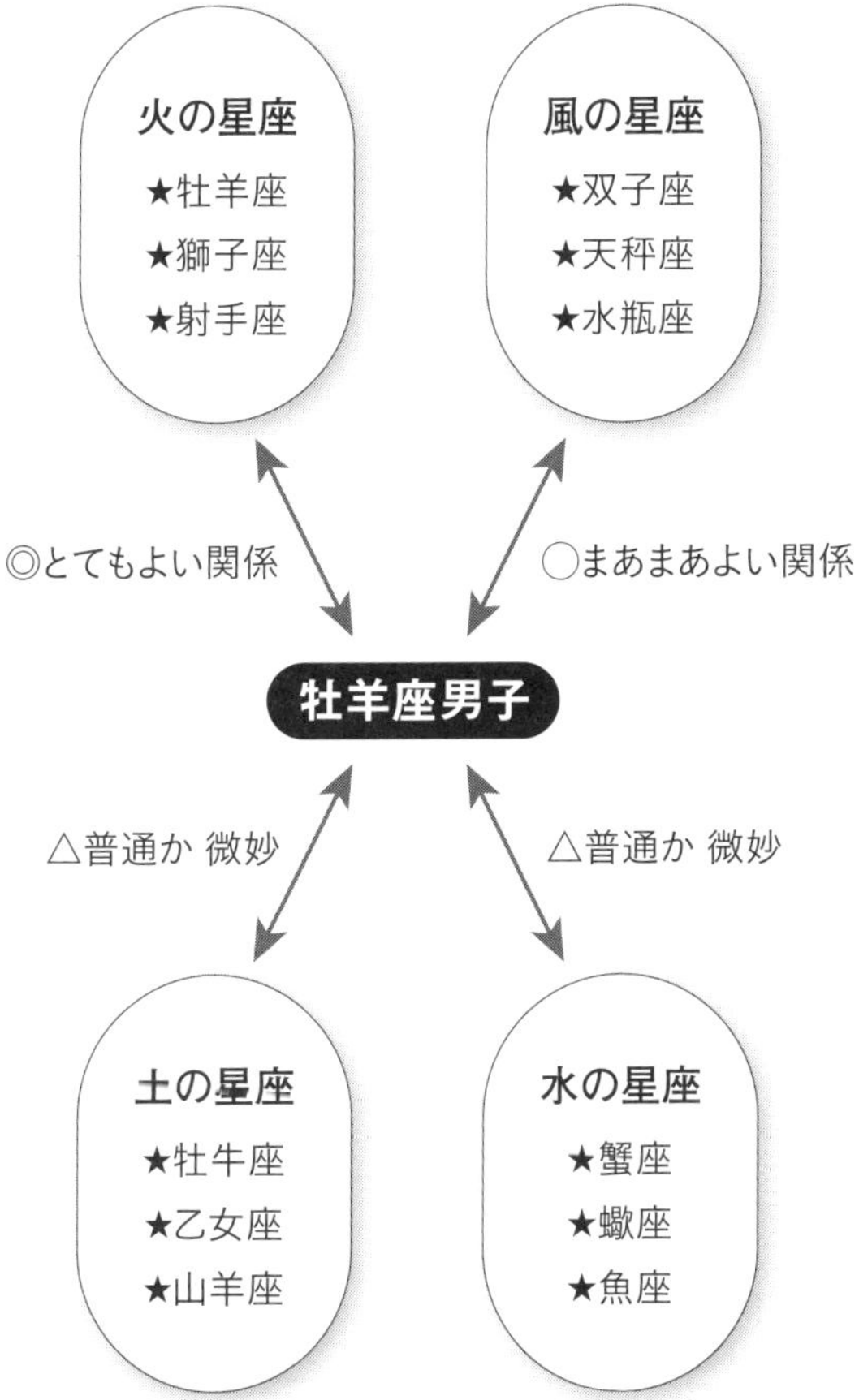

●**牡羊座男子**と4つのグループ

12星座の基本性格

あなたの太陽星座は何ですか？

12星座のそれぞれの星座と牡羊座との相性の前に、基本の性格を見てみましょう。

【12星座の基本性格】

牡羊座：積極的で純粋・情熱的で闘争本能が強い・猪突猛進・チャレンジ精神旺盛
牡牛座：欲望に素直・所有欲・独占欲・頑固・現実的で安全第一・変化を好まない
双子座：好奇心が強い・多くの知識を吸収し行動・器用貧乏・二面性
蟹　座：母性本能が強い・同情心や仲間意識が強い・感情の浮き沈みが激しい
獅子座：親分肌で面倒見がよい・豊かな表現力・創造豊か・誇り高い
乙女座：緻密な分析力・几帳面・清潔好き・批判精神が旺盛・働き者

天秤座：社交的・人づき合いが上手・バランス感覚にすぐれている
蠍　座：疑い深くて慎重・ものごとを深く考える・やるかやらないか極端
射手座：自由奔放《ほんぽう》・単刀直入・興味は広く深く追究する・大雑把《おおざっぱ》・無神経
山羊座：不屈の忍耐力・指導力・地味な努力家・臆病・無駄がない
水瓶座：自由で独創的・変わり者に見られる・友愛・博愛・中性的・ヒラメキや発見
魚　座：自己犠牲的・豊かなインスピレーション・やさしい・ムードに流されやすい

12 星座女子と牡羊座男子の相性

組み合わせで、これからのつき合い方が変わる

牡羊座女子（火）と牡羊座男子（火）――◎

同じ星座同士の組み合わせは、多くを語らずともわかり合えます。同じ出来事についても、二人がほぼ同じ反応をするからです。初対面でなんだか気が合うと感じたら同じ星座だった、というのは、この組み合わせの場合が多いはずです。

基本の性格が似ているので気も合いますし、行動にも出てきます。二人並んだときに「雰囲気が似てるね」と言われるのも、同じ星座だからなのです。

似ていることで、ベクトルが同じほうを向いているときは、とても強固なつながりをもてます。お互いがなくてはならないパートナーになれるのです。運命の出会い、永遠の同志、というような、かけがえのない存在でお互いがいられます。

ところが男女どちらも、熱いハートの持ち主です。そしてどちらもプライドが高く、自分がリーダーになりたい、目立ちたいという気持ちがあります。一旦、意見が合わなかったり、主導権争いなどでもめてしまうと、反発の激しさはものすごくハードなものになります。

お互いにウジウジしているのが苦手な性分です。好きになったら相手に夢中になり、ほかのことは関係なくなってしまいます。そうして二人の世界に没入していきます。

考え方や行動パターンが似ているため、出会った瞬間に恋愛に発展しやすい組み合わせです。運命の出会いだと感じたり、お互いにわかり合えるという自信から、すぐにからだの関係をもつことも自然な流れともいえます。

ただし、どちらかのハートが少しでも相手に興味を示さないかぎり、何も始まりません。興味や関心がないものは、まったく眼中にないのです。

同じ星座ということは、似た者同士ゆえに、相手の好きな部分もイヤな部分も、あなた自身にある要素です。

デートやお互いの仲を深めるためには、高い場所や初めての場所に行くとよいでしょう。たとえば、遊園地の観覧車やジェットコースターに乗ったり、キャンプやアウトドアで興奮を共感すると、みるみるうちに距離が近くなります。

牡牛座女子（土）と牡羊座男子（火）――△

牡牛座と牡羊座は「土」と「火」という、まったく違う性質の組み合わせです。牡牛座と牡羊座では、もともとの時間の感覚、行動や決断力などスピード感が違います。

たとえばレストランなどでメニューを決めるときでも、牡羊座はその店で食べたいと思うものをほぼ即決です。また店員さんとのやりとりなど、その場のノリで決めてしまいます。牡牛座はその点、牡牛座自身が本当に気に入ったものや、その店でのこだわりやオススメの品やお得感などを優先順位の上位にもってきます。牡牛座は牡羊座より五感が発達し、知恵もあり、物質的な豊かさを望む性格です。

牡羊座はスピード感や自分の目標達成を重視して、道なき道でも突っ走る性格ですが、牡牛座は安定した環境をつくることや守ることを大切にします。いわば、正反対の性格といっていいでしょう。

たとえば、牡羊座が開拓した道を、牡牛座が安全に舗装するといった役割のつき合いができると、相性はバッチリでしょう。わかりやすくいえば、家のなかに花や植物を飾る牡牛座女子は、とても向いています。

ただ欲しいものに関しては、牡牛座も強い意思があります。お互い奪い合いが発生しないよう、分かち合うことも考えるのは牡牛座女子の役目です。

牡牛座女子は牡羊座男子のことを五感で感じて好きになります。

牡牛座の五感は、たとえば「かっこいい」「頼もしい」「守ってくれそう」「よい香りがする」というものから、セックスの相性がよいというところも含まれます。

牡牛座は五感、つまり触覚・味覚・嗅覚・視覚・聴覚については、12星座のなかでトップクラスに鋭いのです。その牡牛座が求めるものを牡羊座がもっていたり、刺激されたりすると、一発で好きになります。

牡羊座男子が先に牡牛座女子を気に入ると、牡羊座男子はすぐに告白します。告白された牡牛座女子は一度考えますが、自分の五感の感覚に合格点だと、交際はすぐに始まるでしょう。ただスピード感が牡羊座と牡牛座では違います。デートで買い物をするときの、牡牛座女子ののんびり使う時間を、牡羊座男子がどこまで許せるか？そんなところが問題になっていきます。つき合いを続けていくなかで、お互いが譲《ゆず》れるものと譲れないもののすり合わせが必要になってきます。

双子座女子（風）と牡羊座男子（火）――◯

双子座と牡羊座は「風」と「火」の組み合わせです。双子座は頭の回転が速い星座です。牡羊座の好みや行動など、すぐに把握《はあく》して、牡羊座男子に自然と合わせてあげられるでしょう。

双子座には、生来の明るさと得意な言語能力、そして豊富な知識をもって、牡羊座を気分よく行動させる能力が備わっています。彼に目標をもつことを促《うなが》したりすることで、牡羊座の闘争本能やリーダーシップを上手に盛り上げられるかもしれません。そんな頭のよさをもっています。

牡羊座男子も、自分では気づかない細かい部分が、双子座女子の助言によって成長できます。彼女も自分の助言や知恵が彼へのプラスになるので、それがとてもうれしいのです。

でも双子座は、知性やコミュニケーションを重視している星座です。牡羊座の単純で空気を読まない性格や、周囲を振りまわす行動にうんざりすることもあります。

牡羊座男子のほうも、双子座女子のことを「理屈が多い」「周囲の目ばかり気にしている」と感じることがあるかもしれません。そうなると、すれ違いが発生します。

恋のきっかけは、双子座女子が、牡羊座男子の、何事にも勇敢に立ち向かう姿にときめく瞬間です。反対に、恋の終わりは、牡羊座の融通《ゆうづう》のきかなさと単純さに、ちょっとイラつき始めることが原因です。双子座女子が面倒くさくなったり、飽きたりするのは、牡羊座男子のセンスや感性がなさすぎる点です。

牡羊座男子から交際が始まることも多いはずですが、それだけ双子座女子は魅力的です。双子座の頭の回転のよさと反応のよさに、気持ちが高まるのです。

彼に対して、言葉たくみに褒めることができれば、たちまち彼はうれしくなって、あなたに好意をもつようになるでしょう。

飽きっぽさに関しては、双子座も牡羊座も、どちらも負けていません。でも双子座は二面性をもっているので、飽きて「気が合わない」と悟《さと》っていても、それをうまく隠して振る舞うことができるのです。ズバリいえば、双子座女子のほうがはるかに大人だということです。

蟹座女子（水）と牡羊座男子（火）――△

蟹座と牡羊座は「水」と「火」という、まったく違う性質の組み合わせです。蟹座は母性が強く、愛情や感情をストレートに出します。それに対して牡羊座は、目標達成を最優先事項にしています。蟹座としては目標を達成するためには、同時に心も満たされていたいのです。心が満たされていないのに目標達成どころではありません。このように、お互いの価値基準が正反対といっても過言ではありません。

牡羊座も情熱があり、蟹座も情熱があります。でも、その情熱を注ぐところが違うのです。牡羊座は情熱を目標やテーマに注ぎ、蟹座の情熱は人の心や仲間に注ぎます。お互いがそれぞれの情熱を注ぐ場所が違うことを知り、割り切れるときには、よい関係が続けられます。ただ強制的にお互いの意見を主張し合うと、そもそもの価値基準が違うので、心からわかり合うことはなく、ぶつかり合い、ケンカになります。

ただし、お互いが燃え上がっているうちは、とてもラブラブです。

でも牡羊座男子が、蟹座女子の気持ちや感情を理解していると思うのは間違いです。牡羊座は好きな自分に酔っているところがあります。かりに蟹座が自分の感情を牡羊座に押しつけるようなことがあると、長くは続きません。蟹座女子の愛情の強さと、深さが、牡羊座男子との関係を握るカギになります。

獅子座女子（火）と牡羊座男子（火）――◎

獅子座も牡羊座と同じ「火」の星座です。この組み合わせは、基本の価値基準が情熱的であり、活動的で、創造的チャレンジをすることで元気になるというところが息ぴったりです。目標に向かう姿勢や、チャレンジするという行動が、とても似ているのです。

お互いが認め合って、よい関係がつくりやすいのです。高い目標でも、達成できるのがこの二人です。でも、どちらもとてもプライドが高い星座です。そこでどちらがリーダーになるかということが、この二人の組み合わせのカギになりそうです。

牡羊座は周囲のことや、細かい部分に配慮が足りないところがあります。

獅子座女子はプライドが高いですが、周囲への気配りは牡羊座男子より上手です。その気配りが、獅子座女子を自然と周囲からリーダーと認めさせる実力になるのです。

この星座の組み合わせの恋愛はお互いが居心地よく、ほどよい感じで燃え上がり、つき合うことができます。というのも獅子座女子は、根が寂しがり屋のため、誰かそばにいてほしいのです。それも安心していられるような彼がほしいので、その点、牡羊座男子は最高です。

お互いが家の外に出たいという、近い価値観をもっているので、いろいろなことをアウトドアで一緒に楽しめる関係になれます。たとえば、イベントに一緒に行って盛り上がったり、花火を一緒に見るデートで、二人の気持ちは一層盛り上がります。

ただ結婚した場合、お互いの主導権をどちらがもつかを、話し合いで早くから決めておくことも大切です。獅子座もリーダー気質があります。自分が出るところとそうでないところを見極めて、影の指導者として、牡羊座男子を上手に動かしてあげるのもよいでしょう。そうすれば非常にうまくいく組み合わせです。

乙女座女子（土）と牡羊座男子（火）——△

乙女座と牡羊座は「土」と「火」という、まったく違う性質の組み合わせです。この乙女座はとても繊細で、分析上手の星座です。繊細なので多くの人が気づかないような、細かい部分によく気がつきます。

乙女座はコツコツと細かい作業が得意な星座でもあります。たとえば、誰も気づかないような部屋の隅のホコリに気づいたり、書類のミスや計算間違いを発見する才能があります。そんな細かい乙女座と牡羊座の性格は、真反対ともいえます。

この組み合わせは、まったく違う性格同士というだけでなく、乙女座の性格が繊細ということから、牡羊座男子の鈍感な性格が乙女座女子の気持ちを傷つけ、乙女座がストレスを感じてしまうことが多くなります。

乙女座女子から見ると、「なぜこんなに無神経でいられるんだろう?」「なぜこんなに無計画で行動できるんだろう?」という疑問でいっぱいです。牡羊座男子にいわせれば、「なぜいちいち細かいことを気にするんだろう」「なぜはっきりしないんだろう」と、互いに自分がもっていない才能に矛盾《むじゅん》を感じるのです。お互いの得意分野を認め合い、お互いに干渉しないことが、この組み合わせのカギになります。

乙女座女子の清潔感や、牡羊座への細かいサポート、というところから恋が始まりそうです。もう少し強くいうと、「私がいないと、この人はダメになってしまう」という乙女座特有のセンチメンタルな気持ちが、恋のスタート台になるかもしれません。

乙女座女子は牡羊座男子の勇敢さ、牡羊座男子は乙女座女子の細かい配慮など、互いにもっていないものに熱い視線を向けます。お互いが自分にない才能や考え方にキラキラしたものを感じている間は、いい関係が続けられます。

でも牡羊座の無謀なところと乙女座の繊細な部分がかみ合わず、あまり長続きすることはないかもしれません。もし続けようとするなら、乙女座が感情を押し殺すか、我慢するしかありません。離婚のときは、乙女座女子の請求する慰謝料でもめる危険性があります。

天秤座女子（風）と牡羊座男子（火）——○

天秤座と牡羊座は「風」と「火」の組み合わせです。天秤座は社交的なので、人とのつき合い方が上手です。牡羊座はとくに周囲にかまっていませんし、関心もありません。なので、この組み合わせは、目標に向かう牡羊座を天秤座がサポートするという関係だと、とてもよい相性だといえます。

天秤座のサポートがあれば、牡羊座は、ただ自分の目標のために突っ走っていくことができます。天秤座女子は、周囲の環境を整えたり、人との関係を上手に結びつけるという、異なる分野での才能が発揮して、成果や成功へとつなげていけるのです。かりに牡羊座男子の社長と広報の天秤座女子という関係だと、お互いの才能が存分に発揮できるので最良のコンビになれます。

ただ牡羊座からは、天秤座の社交性は八方美人に見えます。天秤座から牡羊座の行動は、無神経と見えています。そこで目標達成と、そのための環境づくりの役割分担が、この組み合わせのカギになります。

天秤座女子は華やかで、おしゃれです。牡羊座男子はそんな軽やかで、自分にない美への感性をもつ、天秤座女子のすばらしさに惹かれます。

天秤座は人との調和やバランスを一生懸命考えるのに対して、牡羊座は周囲のことはお構《かま》いなしです。毎日過ごす生活のなかでの視点が、そもそも違うのです。デートをするのにも、天秤座女子はおしゃれで人気のあるところに行きたいのだけど、牡羊座男子が自分の行きたい安い居酒屋に連れていく。そうなると天秤座はガッカリです。相手の趣味を疑うことから、二人の関係が危なくなります。

お互いの視点が違うことをお互いが楽しむことによって、新しい価値観を見つけられるでしょう。そうなれば幸せな家庭が築いていけます。

ただし、どちらも心移りしやすい星座です。天秤座女子は第一印象がいいので、ほかの男たちから誘われやすいのです。それがどちらかとなく、浮気や二股などのお別れの原因になりそうです。

蠍座女子(水)と牡羊座男子(火)——△

蠍座と牡羊座は「水」と「火」の組み合わせです。火と水はお互い打ち消し合う性質があります。蠍座はいろいろなことを表に出さない星座ですが、牡羊座は隠し事が苦手な星座です。蠍座は自分のペースを大切にします。牡羊座はせっかちです。これだけでもまったく違う要素ばかりの組み合わせなのです。

でも、蠍座は水の星座で深い愛をもっています。牡羊座を深い愛で見守ることができます。牡羊座が一日中駆《か》けまわり、いろいろな戦いで疲れて帰ってきたとき、黙ってお茶を出すくらいで、放っておいてくれる蠍座女子の安定感にホッとします。

でも所詮、牡羊座は元気になると、また次の目的に向かって飛び出していくので、二人の関係は深くなじむことは少ないですが、牡羊座男子の邪魔をしない蠍座女子の関係では、意外にうまくいくかもしれません。

性的にも好奇心旺盛な蠍座なので、いろいろなプレイにもつき合えます。セックスだけの相性で見れば、これ以上のカップルはありません。

でも一度でも、蠍座を裏切ったり怒らせてしまうと、牡羊座はかないません。浮気グセのある牡羊座男子なので、執着や愛情が憎しみに変わると、蠍座女子はとても怖いのです。愛した人だからこそ、裏切りが許せない、ということになりがちです。彼に反省させたい気持ちから、意地悪をしてしまうこともあるかもしれません。時にそれがエスカレートして、自分でもコントロールできないということがあるかもしれませんが、もともと自分が愛するほどの価値がない相手だったと思うこともできます。

射手座女子（火）と牡羊座男子（火）——◎

射手座と牡羊座は同じ「火」の性質です。同じ性質なので、居心地のよい組み合わせです。同じ性質でも射手座は好奇心の幅が広く、常に新しい好奇心を求めています。スピード感や行動力はとても似ています。

ただ射手座女子は自由が大好きです。一定の枠や価値観にとらわれることを、とても嫌います。そして牡羊座よりちょっと深いところに興味を示します。文学、思想であったり、宗教であったり、時にはしょうもないことでも、射手座なりに研究することが好きなのです。それだけ頭のいい人が揃っています。

たとえば一緒に同じ目的に進んでいたときに、牡羊座は目的に到達すると終わりますが、射手座はその目的に向かう最中に違う興味を見つけ、目的に到達しても、もう少し知りたい、もう少しその先を見てみたいということで、興味の幅が広がっていきます。

牡羊座男子から見ると「何の意味があるのかさっぱりわからない」、射手座女子から見ると「もう少し追求してみようよ」というすれ違いが起きます。どちらの星座も行動力と精神力は強いので、ゴールの距離は違っても方向性が同じだとよい組み合わせになります。

お互い燃え上がるときは、一気に燃え上がります。射手座女子の広い価値観とものの見方に牡羊座男子は尊敬し、牡羊座男子の体当たりの行動に射手座女子はときめくでしょう。それにお互いセックス好きです。つき合いはじめの頃は、とてもラブラブなカップルになります。

その後も互いに愛情を注ぎ続けていたら、よい関係のまま長続きできます。でも、どちらも好奇心の対象の変化が多い星座です。あちこちに目移りしやすく、愛がなくなり、相手と別れるとすぐほかに好きな人ができたり、興味の矛先《ほこさき》がいまの女性から趣味や仕事へ向かうなど、好奇心の対象の変化が別れの理由となります。同じ火の性質なので、ケンカをしたら、かなり激しいことを覚悟しましょう。

山羊座女子(土)と牡羊座男子(火)――△

山羊座と牡羊座は「土」と「火」という、まったく違う性質の組み合わせです。山羊座は現実的で忍耐力のある星座です。この星座の女子は目標を決めたら、コツコツと着実に積み上げていくことが得意です。ところが牡羊座は目標を決めたら、まっしぐらに行動していきます。成功に自信をもっているのですが、失敗の可能性もありうるのです。

山羊座女子の堅実的な進め方は、牡羊座男子にはまったく理解できません。反対に牡羊座男子の体当たり的な進め方は、山羊座女子にはまったく理解できません。

山羊座は目標達成に向けて、事前の準備、計画、行動プランなどを準備し、着実に進めていきます。でも牡羊座は事前の準備も計画もなしです。行動のプランには、まったく価値を見出していません。でもどちらも、目標に進む熱い気持ちは同じです。山羊座は牡羊座の行動力と勇気を、牡羊座は山羊座の堅実性を信頼し合うと、よい組み合わせになります。

牡羊座男子のなかには、山羊座女子の真面目さや、がんばりやさんのところに惹かれるタイプも少なくなさそうです。コツコツと地味な作業や、着実に進める考え方は、牡羊座にはまったくない部分だからです。

山羊座女子は、牡羊座男子の不器用だけど、まっすぐ突き進んでいく一途な面が好きです。

たとえば、山羊座はきちんと道をつくらないと進みません。牡羊座はたとえ道がなくても、自分でそれを切り開いて進みますので、山羊座女子にはとても頼もしく見えます。

でも、あまりにも牡羊座が自分だけで道を突き進んでいくと、山羊座はついていけなくなります。山羊座女子は寂しがり屋なので、いつもいつも家を留守にする牡羊座男子と、やっていけなくなるからです。それでも忍耐力が強いので、ギリギリまで我慢しますが、最後にはキレるかもしれません。

水瓶座女子（風）と牡羊座男子（火）——◯

水瓶座と牡羊座は「風」と「火」の組み合わせです。水瓶座はとても自由で博愛な星座です。権力や地位などによって差別せず、公平な心をもっています。牡羊座の一生懸命さと正直さをきちんと見極めてくれます。牡羊座は水瓶座がきちんと自分を理解してくれるので、自由に力を発揮し、出世コースを上ることになりそうです。

そんな水瓶座女子はヒラメキと個性に満ちています。ファッションも一歩先を進んでいます。

たとえば、水瓶座のヒラメキのアイデアを牡羊座が行動すると、とても大きなプロジェクトが動き出します。この組み合わせは、予想以上の結果や大きな可能性を引き出します。結婚して夫婦でアイデアを出し合えば最高です。

またどちらの星座も周囲の空気を読むことはしないので二人が揃うと、変わり者の二人になります。どちらもマイペースな星座です。

牡羊座男子は水瓶座女子の公平なやさしさと、オリジナリティ溢れたところに惹かれるでしょう。牡羊座はできれば自分が目立ちたいのですが、水瓶座の個性にはかないません。その斬新な考え方や感じ方に毎回ドキッとします。そのドキッとする心と憧れが恋につながるのです。

水瓶座女子は自分から熱心にアプローチをしたり、恋愛にのめりこむことはなく、牡羊座の押しと行動力を尊重して恋愛関係となります。クールで楽天的なので、失敗を恐れません。ダメだと思えば、恋愛関係をやめるだけです。

魚座女子（水）と牡羊座男子（火）――△

魚座と牡羊座は「水」と「火」の組み合わせです。火と水はお互い打ち消し合う性質があります。魚座はとてもやさしく、広い心で多くの人に愛を注いでいきます。一方、牡羊座は人の感情については鈍感です。

たとえば牡羊座が目標に向かっていくのを、愛を注ぐように献身的に協力してくれるのが魚座です。全身全霊で牡羊座を支えようとするのです。魚座女子のやさしさで牡羊座男子が動く、という関係になります。

水の星座のもつ情けは牡羊座にはない部分なので、牡羊座男子から見ると「なぜ感情に振りまわされるのか意味がわからない」、魚座女子から見ると「自分のことしか考えてない」といううすれ違いが起きます。

牡羊座男子はとにかく尽くしてくれる魚座女子に恋するでしょう。「なんてけなげで、やさしい女性だろう」と。でもそれは打算であり、本当の愛情ではありません。

一方、魚座女子も牡羊座男子を支えたい、応援したいと思います。でも、魚座は次第に、牡羊座が自分と同じ分の愛情を与えてくれないと感じはじめます。

そして、涙もろい魚座女子は泣いてしまうことがあるかもしれませんが、牡羊座には涙の意味がわかりません。どう扱ってよいかわからなくなり、「魚座女子は面倒だ」と思うようになります。

牡羊座は周囲の人の気持ちや空気が読めません。魚座女子の期待するやさしさは、牡羊座男子には自分からは見つけられないのです。

6

Relationship

牡羊座男子との
つき合い方

牡羊座男子が家族の場合

父親、兄弟、息子が牡羊座の人

父親が牡羊座の人

牡羊座男子を父にもったあなたは、父親がとても威張《いば》って見えたでしょう。

父親が牡羊座になると、家族を大切に守ろうとします。

でもその守り方、大切にする方法が、とても自分勝手に見えやすいのです。

怒りやすくて、偉そうで、自分勝手。子ども時代のあなたには、牡羊座の父親は、そういうふうに見えていたことでしょう。

ひょっとしたら、父親の怒りにふれて大げんかになり、暴力沙汰になるという経験もあるかもしれません。たとえ暴力にならなくても、ちゃぶ台をひっくりかえすような、ちょっと攻撃的な叱られ方をされたこともあるかもしれません。

牡羊座の父親はとにかく周囲の空気が読めません。でも、あなたたち家族や子どものことは、異常なくらい大切に思っています。

そこで「誕生日」や「父の日」には、「いままでありがとう」とか「いつも私たち家族のためにがんばってくれて、感謝しているよ」といった、感謝の言葉を伝えましょう。そんな言葉をかけたら一瞬、牡羊座の父親は照れ隠しをするかもしれません。でも、本心はとてもうれしいのです。

家族に喜ばれている、感謝されていることがわかったら、これからも一層家族を、子どものあなたを大切に守っていこう、という気持ちになってくれます。

牡羊座男子の父親の目標設定を〝子どもの幸せ〟や〝家族の幸せ〟というところに、気づかせてあげるのもよい方法です。

兄弟が牡羊座の人

一般的に女性のほうが精神年齢は高いので、牡羊座男子を兄弟にもつあなたは「男ってアホだわ」と感じたことがあるでしょう。

幼い頃も大人になったいまでも、ほとんど精神年齢が成長していないと感じていませんか？

気が向くことにはトコトンのめり込むのに、それ以外はまったく無関心。自分の趣味や好きなことには、平気で時間もお金も使う。いくつになっても成長していないように見えるでしょう。

そんな牡羊座男子の兄をもつあなたは、命令や指図をされることが多かったでしょう。「偉そうに」と何度も感じたのではないでしょうか。

反対に、牡羊座男子の弟をもつあなたは、好きなことしかしなかった弟のことが、いつまでたっても幼稚すぎるように思えて、とても心配です。

牡羊座男子の兄弟は、牡羊座のもつ個性を発揮して、自分たちの目標に向かってまっしぐらです。偉そうな言葉もいうけれど、好きなことしかしないけど、社会で自分なりにがんばっているのです。

身近だとなかなか注意や意見がいえませんが、いちばん近くにいて冷静な判断ができるのは、あなたです。

厳しい言葉も悪くありません。むしろがんばっている彼らに、激励《げきれい》の言葉をかけてみてあげてください。

たとえば、「最近がんばってるね。すごいよ」という言葉だけでもいいのです。身近な家族に認められたということは、他の誰よりも嬉しく、自信につながるでしょう。

息子が牡羊座の人

牡羊座男子の息子はとても正直で素直。元気もあり、何か夢中になると周囲が見えなくなります。自分の興味があることには、次から次へと一生懸命に取り組むのですが、感情や欲望に素直すぎるところが親としては心配になります。また、牡羊座の息子は怒りや、ストレスの発散方法が、乱暴なところもあります。

よくケンカや取っ組み合いになったりします。学校でもそのタイプは牡羊座に多いといわれます。これは牡羊座男子の永遠のテーマの一つです。

怒りやストレスの発散方法についての、バランスのとり方や教育などは、小さい頃からしっかり学習させることをオススメします。

たとえば、スポーツをさせることもよいでしょう。牡羊座の体力とエネルギーを発散させることができます。

牡羊座の男の子は、目標を決めると一生懸命に取り組みます。社会生活での目標のもち方で、生きがいを見つけ出せるよう、愛を注いで育てていきましょう。

牡羊座男子が友人（同僚）の場合

自分勝手な彼と上手につき合うコツ

一緒にいても、どうしても目立ってしまう彼。気づくと先頭を歩いていた友人は、きっと牡羊座男子ではないですか？

たとえば、新しい遊びのとき、新しい企画を進めるとき、いつも先頭で旗をふって進む存在が牡羊座男子です。

牡羊座男子は何か面白いと思ったこと、やりたいと思ったことに正直です。自分で勝手にやることが基本好きで、得意で、本人がいちばん楽しいことなのです。

もし、やりたいと思ったことを、応援してほしかったら、あなたにそのことを、はっきりといいます。

そのときは応援してあげましょう。でも、余計なことに手を出してはいけません。

彼は自分の目標を達成したいのです。余計なことをしても、あまり彼の心には響かないし、親切に気づかないところもあります。

余計なことに手を出さず、常に、あなた自身の正直な気持ちを、言葉で伝えるように心がけてつき合いましょう。

たとえば、「やりたくないことは、やりたくない」ということも、きちんと言葉にして伝えましょう。もし相手が怒っても、それは牡羊座の短気な性格なので仕方ありません。

怒ったりケンカになったとしても、それはあなただけではありません。牡羊座男子は、人ともめやすく、ケンカをしやすい星座なのです。

牡羊座男子が目上（上司、先輩）の場合

彼の欠点を知ったうえで、応援してもらうコツ

ただでさえプライドが高くオレ様な牡羊座男子が目上（上司や先輩）にいたら、よずあなたにのしかかる圧力の調整が必要です。

上司や目上の場合、その世代にもよりますが、日本のタテ社会のなかでは、目上には必ず従うものという大前提があります。その価値観に乗って牡羊座特有のリーダー風をふかすので、非常に困る存在です。

ただし達成したい目標や方向性が同じ場合は、とても心強い先輩になります。牡羊座のいままでの経験をもとに力を借りたり、教えてもらうことで頼もしい存在になってくれます。

たとえば、同じ仕事の場合は、上司を立てること。あなたが1番ですよ、という姿

勢で取り組むと、ぐんぐん引っ張っていってくれます。

相手を立てること、自由に行動させることを心がけると、牡羊座上司は気持ちよく過ごしてくれます。

また、なにか目標に向かっているときや、夢中になっている趣味などに対して褒めてあげたり、共感してあげましょう。決して否定してはいけません。

無理やり誘われそうになったり、趣味を強制されることもありますが、その際は上手に持ち上げて、きちんと断りましょう。

牡羊座男子の目上（上司）は、かなりのオレ様態度です。自分と意見がぶつかったり、反抗的な態度をあからさまにしたりすると、すぐに怒り出します。

困るのは「仕事のできないヤツ」という目で見ることです。そう言わせないよう、あまり反抗的姿勢は見せないようにしましょう。

牡羊座男子が年下（部下、後輩）の場合

新しいことにチャレンジさせて大きく育てる

後輩のくせにやけに態度が大きい。それが牡羊座男子の特徴です。仕事は速いけど、好き嫌いが激しく、指示されたことのなかでも、書類整理が大雑把だったり、資料の整理などは苦手で嫌いなのです。そんな彼には目の前に、にんじんをぶら下げて仕事をさせるのもよい方法です。たとえば、これができるようになったら、次の新しいことにチャレンジさせるという、牡羊座の開拓精神を生かして伸ばすことです。

少し大きな目標設定も効果的です。小さなことでないほうが、デカイことを達成したくなる性分を生かせます。目立つことも好きなので、飲み会の幹事や盛り上げ役には欠かせません。後輩のくせにオレ様態度であっても、成果や達成したことには、公平に褒めてあげましょう。褒めて伸びるのは、牡羊座後輩のかわいいところです。

牡羊座男子が恋人未満の場合

好意があることを態度と言葉で表現する

彼はいつも何かに夢中です。仕事やスポーツ、好きなことに一生懸命です。ときどき遠くを見るような目をしている彼や、いつも何かに一生懸命な彼が、気になりませんか？　勇敢で突き進んでいく彼をステキと思っているのでしょう。

もしあなたが愛の告白を考えているなら、彼の前では素直で正直でいること。こっそり友人から伝えてもらうとか、作戦を考えるなどの裏工作は、きっと無駄になりそうです。

また、そのうち気づいてくれるだろうという、甘い考えと大きな期待も彼には伝わりません。

思いきって、好きな気持ちを隠さずに伝えたり、告白の前に、日常のなかで好意があることを、あからさまな態度と言葉で表現することです。

でもこれは告白とは違います。愛の告白のときは、きちんと「あなたのことが好きです。交際してください」と伝えなければなりません。

直球勝負でないと彼は気づかないし、彼の心には届きません。

もちろん彼は卑怯《ひきょう》なことは嫌います。告白を考えていなくても、彼の前では、正直で素直なあなたでいることが一番なのです。

楽しいときは一緒にはしゃいだり、大声で笑ったりしましょう。そして、近くで彼を応援することです。

もし彼が落ち込んでいたら、次の目標を一緒に考えてあげましょう。彼は目標ができるとたちまち元気になります。たぶん、素直にあなたに感謝するはずです。そうしたら彼を力一杯応援してあげましょう。彼が自由で元気でいられるように。

牡羊座男子が苦手（嫌い）な場合

無理に好きになる必要はない、でも理解してみる

あなたは牡羊座男子のどこが苦手ですか？　忍耐のないところですか？　負けん気の強いところですか？　あなたの気持ちに気づかないところですか？

それは、牡羊座男子の性分なので仕方がないのです。この星座の男子は短距離走でスタートの号砲の鳴る前に、飛び出すタイプです。

勇《いさ》み足やオーバーランのミスを犯しやすいだけに、見物客から嫌われます。

それでも先頭を走りたいし、目立つことが大好きな星座なのです。つまり、思ったほど悪い男ではありません。

要は自分本位なので、あなたの気持ちに気づかないのは当然です。あなただけでなく他の人、周囲の全体の人の気持ちに気づきにくい星座なのです。

「やっぱりそんな星座の人は嫌いだわ」と思ってしまうのも、かまいません。それは男女の仲だけに、仕方のないことです。

でも見方によっては、正直で素直な性格な星座でもあります。それをかわいいと思ってみませんか？

陰でコソコソ悪口を言ったり、裏工作などできない星座なのです。

牡羊座男子は12星座で最初の星座なので、生まれたばかりの赤ちゃんのようなものです。周囲をハラハラ、ドキドキさせても仕方がないのです。

赤ちゃんはオムツが濡れたときに、泣いて合図します。赤ちゃんはお腹がすいたときに、泣いて合図します。自分ではまだできないからです。

そんな赤ちゃんをあなたの愛の大きさで、やさしくゆっくりと育ててあげてはどうですか？　案外、育てがいがあるかもしれません。

7

Maintenance

牡羊座男子の強みと弱点

牡羊座男子の強み

目標を定めたことには、トコトンがんばる

12星座中でも、行動力と体力と情熱はトップクラスです。とにかく目標と定めたことには、トコトンがんばります。何かつかむまでは諦めません。

12星座の始まりの星座なので、「何もないところに何かを生みだす」という開拓心と闘争心が強いのです。自分で考え出すというより、直感的に何かを見つけ出します。この直感は本能的なものです。

また、大きな目標でない場合もあります。趣味やスポーツ、ひょっとしたらギャンブルに、目標ややりがいを見出し、情熱を注ぐかもしれません。楽しみ程度ならよいのですが、「ほどほど」という言葉は牡羊座男子の辞書にはありません。

牡羊座男子の弱点

コツコツ取り組むことは苦手

空気を読む、人の気持ちを考える、コツコツ積み上げる、ということが苦手な牡羊座男子です。熱いところがあるので、カッと頭に血が上りやすいところもあります。カッとなって、何かをポイッと捨ててしまったり、ケンカになったりと、衝動的な行動が次の問題となったり、次第に大きな問題になってしまいます。

また、コツコツと何か地味な仕事を強制的にさせられることには耐えられません。人間関係のトラブルや怒りの調整、そして何事にも詰めの甘さは永遠のテーマなのです。カッとしやすいので、ケンカによるケガも他の星座より確率が高いのです。

また、プリプリと怒りながら何かにぶつかったり、階段をふみはずしたりというケガもあります。

星座の特徴としても、頭部や血圧に関係することのトラブルが多くなります。高血圧や脳梗塞、脳出血やくも膜下出血などにかかりやすいといわれています。

基本体力はある星座なので、健康に対して過信しがちです。健康管理が二の次になり、多少の無理がきくので、知らないあいだに病気になっていることもあるので注意しましょう。

8 Option

牡羊座男子と幸せになる秘訣

牡羊座男子を愛するあなたへ

正直に、素直な気持ちで向き合うこと

牡羊座男子はとても正直で勇敢。正義感に溢れ、先頭に立ってグループを引っ張っていってくれる姿は、勇者のように頼もしい。そんなあなたの愛した牡羊座男子には、あなたも正直に、素直な気持ちで向き合ってください。

たとえば、「好き」という言葉、「ありがとう」という言葉、「あなたがいてくれてうれしい」という言葉――あなたの気持ちをわかりやすく、伝えてください。

一見照れて怒ったような顔をするかもしれない牡羊座男子ですが、内心は、メチャメチャうれしいのです。

そして、そのあなたの愛が伝わると、やる気と勇気を彼らは充電できるのです。

愛のパワーが充電された牡羊座男子は、社会で、家庭で、元気にそのパワーを発揮

します。

彼らのパワーは一人だけのもの、一部分のものだけではありません。
彼らの活躍、行動力、エネルギーは他の人へ伝わります。
彼らが元気だと、その場が明るくなるのです。
その場が明るいと、人や社会が明るくなります。
社会までも明るく元気にする牡羊座男子には、あなたの愛が必要です。

牡羊座男子が幸せを感じる瞬間

注目を浴びることが至福の喜び

牡羊座は自由がいちばん好きです。そしてなにかを追いかけているときも、テンションが上がります。

牡羊座は火の星座なので、アツく燃えることで、自分が生きているということを実感しています。

そんな彼らはなにかに夢中になっているときが、いちばん幸せなのです。

夢中になるものは、仕事や女性、趣味のように、そのときその場で違います。せっかちでスピードが速い牡羊座は、さっきはこっちを追いかけていたけど、次はあっちを追いかけているというように、夢中になるターゲットが変化します。

ターゲットは頻繁に変化するけれど、自分の立てた目標地点に到達すると、とても幸せを感じます。

同時に、目立つことも喜びの一つなので、自分の行動が注目されると、うれしくてたまりません。

たとえば、自分の企画が成功して、マスコミから注目を浴びるということが大好きです。

また、自分の行動を自分からSNSやブログで発信して、アクセス数が増えたり、コメントがくるなど、反応が大きければ大きいほど夢中になります。

結果につながるときも幸せですが、その結果と目立つことが合わさると、より幸福感を覚えるのが、この星座の特徴です。

牡羊座男子と一緒に幸せになる

無邪気な愛すべき存在

オレ様男子の牡羊座ですが、勇敢さと行動力は、12星座のなかで1番です。草食男子が多いといわれる現代において、とても貴重な存在なのです。たくましく、強く、男らしいという性格は、女性なら誰しも求めているものです。それらを彼らはもっています。

肉体的にも強い星座なので、日頃から風邪をひきやすいという弱い男子と違い、病気もほとんどなく元気です。

「元気」は、生きるうえでいちばん大切なものです。元気がなければ働くことも、好きなこともできません。いくらお金があっても楽しい人生にならないからです。そんな元気で強い体力をもっているのです。

また少子化のいまの時代にも、牡羊座男子の精力的な行動は必要です。子どもを欲しいと思っている女性には、なくてはならない存在です。

未来をつくる子どもたちを増やすために、この牡羊座男子は、大きな働きをしてもらわなければなりません。

少々、頭に血が上りやすいのも、素直で正直な性格のせいなのです。

プライドが高くオレ様態度で扱いにくい面もありますが、子どものように無邪気な牡羊座男子はかわいい愛すべき存在なのです。

積極的に愛してあげてほしいのです。

牡羊座男子にかぎらず、その人のことを知れば知るほど、欠点が目について、「やっぱりやめておこう」「こんな人とはつき合えない」と思うようになるかもしれません。

でも、欠点はお互い様です。そして、欠点は長所の裏返しです。

そのことを理解して、努力することに、私たちの生きる目的があります。

牡羊座男子と幸せになるには、彼を理解することです。

自信満々な彼も、小さなことで熱くなる彼も、受け入れてあげることです。

あなたが無理をする必要はありません。

あなたはあなたのままで、つき合っていけばいいのです。

彼が戸惑うこともあるかもしれませんが、彼なりに、あなたを理解しようとしてくれているのであれば、そのことを認めてあげてください。

お互いに認め合うことができれば、一人と一人の人間同士、愛し、愛される関係を築いていけるのではないでしょうか。

おわりに
相手を理解して運命を好転させる

人は夜空に輝く星を、はるか昔から眺《なが》めながら生活してきました。

それはただ美しいと感じるだけではなく、あるときは生きるために、あるときは王様や国の運命を見るために、はるか遠くにある星たちの動きや位置を見ていたのです。

たとえば、昔の人は、月が欠けて出なくなると、大騒ぎでした。夜が真っ暗になると不安だったのです。反対に満月になると大喜びしたものです。

その月や星の動きや位置を、たくさんの人が関わりながら研究し、長い長い時間を経て、現代の私たちに伝えてきたのです。

本書では、牡羊座男子のいいところも悪いところも書いてきました。

性格にはいいも悪いもなく、長所と短所は背中合わせです。長所がいきすぎれば短所になり、短所と思っていたところが長所になることがあります。

牡羊座は3月21日から4月20日（その年によって多少ズレがあります）のあいだに生まれた人です。西洋占星学では、一年はこの牡羊座から始まり、2月19日から3月20日の魚座まで12星座あります。それぞれに長所があり、短所があります。

12星座でいちばんプライドが高く、わがままで自信家の牡羊座男子は、あなたの星座によっては、時に理解しがたい存在かもしれません。

自分の常識では、

「どうして、そんなふうに言うの？」

「どうして、そんな態度をとるの？」

と思うことも少なくないかもしれません。

けれども、「牡羊座」の価値観や感情の起伏を知れば、許せるかどうかはともかく、理解することはできるでしょう。

彼を理解することで、自分への理解を深めることもできます。

彼に対しての「許せないこと」は、あなたにとっての大切なことです。

それがわかれば、あなたのことを彼に理解してもらえるかもしれません。

牡羊座は、いったん理解できれば、それを強く信じることができる星座です。あなたのことを理解したなら、それまで以上に、あなたを応援する気持ちが強くなります。

早稲田運命学研究会は、2009年2月25日（新月）、一粒万倍日《いちりゅうまんばいび》に発足しました。「一粒万倍日」とは、「大安」と同じように縁起のいい日のことで、「一粒の籾《もみ》が万倍にも実る稲穂になる」という意味です。結婚や開業、なにか新しいことをスタートするときには、この日を選ぶと繁栄します。反対に、この日に借金などをすると、借金が大きくなってしまうので避けなければなりません。

それはともかく、早稲田運命学研究会は、運命を読み解いていくことを目的として、私が主宰した勉強会です。この本はその勉強会で学んできた占星術師のＪｕｌｉａ☆が、私と協力して書き上げたものです。

「運命」を読み解くには、その前に、そもそも「運命」とは何であるかを押さえておかなければなりません。言い換えれば、その人の「運命を決めるもの」とは何か、ということです。

これは、「占術」のジャンルで見ていけば、わかりやすいかもしれません。

つまり、姓名判断の人から見れば、「運命は名前によって決まる」というでしょうし、占星学でいえば、「生まれた星の位置で決まる」ということになります。

そう考えると、「運命を決めるもの」は、占い師の数だけあるといってもいいでしょう。それらのどれが正しい、正しくないということはありません。むしろ、そのすべてに一理ある、と私は思っています。

しかし時に、運と運命を一緒くたにしている人がいます。あるいは受けとる側が、一緒くたにしてしまうことがある、ということもあります。

運命とは何かというときに、それは「運」とはまったく違うものだということを、しっかり憶えておきましょう。

「運」というのは、簡単に言えば、「拾えるもの」です。

「運命」というのは、「運」のように、たまたま拾ったりというものではありません。

「命を運ぶこと」が、「運命」です。

自分の命をどう運ぶか、ということ。そこに「たまたま」という偶然はありません。

それだけに非常に厳しいものだ、と考えなければならないものです。

あることがきっかけで運命が変わった、という人は多いでしょう。

たとえば、結婚をして運命が変わったとか、そこの会社に就職して運命が変わった、というようなことがあるでしょう。

結局は「そうなる運命」だったということもできますが、もしも「変わった」とすれば、それは、その人自身があるところで、「自分の命の運び方」を変えたことによって起きたのです。

この「運命を変える」ことは、簡単ではありません。

ある日誰かがひょいと自分を持ち上げて、「うまくいかない運命の道」から「うまくいく運命の道」に置き換えてくれたら楽ですが、そんな「奇跡」は起こりません。

しかし、あなた自身が、自分の「命の運び方」を変えさえすれば、あなたの運命はあなたの望むように変えることができるのです。


私はもともと運命論者で、文芸誌の編集者時代に、芥川賞作家にして、手相学・人相学の天才ともいわれた五味康祐《こうすけ》に人相学・手相学をはじめとする「運命学」を直接学び、以来、独自に研究を重ねながら、運命に関する著作も多く執筆してきました。

当会顧問のアストロロジャー、來夢先生は、そんな私のことを「運命実践家」と呼びます。本書では共に監修していただけたことに心から感謝申し上げます。

運命の本質を知ることは自分を知ることであり、人生を拓く大切な一歩になります。

『牡羊座男子の取扱説明書』を手にとってくださったあなたは、いま現在、牡羊座の男子とつき合っているのかもしれません。これからつき合おう、と思って、読んでみたという人もいるでしょう。あるいは職場や仕事上で、牡羊座の男性と関わりがあるという人も多いはずです。

12星座のなかで「いちばんプライドの高い」牡羊座男性とつき合っていくときに、ぜひ本書を脇に置いて、ことあるごとにページをめくっていただけたら幸いです。

早稲田運命学研究会主宰
櫻井秀勲

●監修者プロフィール

來夢（らいむ）

アストロロジャー&スピリチュアリスト。星活学協会会長。経営アストロロジー協会会長。早稲田運命学研究会顧問。マイナスエネルギーをいかにプラスに変えるかという実用的な視点から占星学を活用。OL、主婦からビジネスマン、成功経営者まで、秘密の指南役として絶大な支持を得ている。著書に『月のリズム　ポケット版』『「あたりまえ」を「感謝」に変えれば「幸せの扉」が開かれる』（きずな出版）、『運の正体』（ワック）、『らせんの法則で人生を成功に導く　春夏秋冬理論』『運活力』（実業之日本社）、共著に『誕生日大事典』（王様文庫）他多数。
シーズンズHP　http://www.seasons-net.jp/

櫻井秀勲（さくらい・ひでのり）

早稲田運命学研究会主宰。1931年、東京生まれ。東京外国語大学ロシア語学科卒業。文芸誌の編集者から31歳で「女性自身」の編集長に。当時、毎週100万部の刷り部数を維持し出版界では伝説的存在。文芸誌の編集者時代に、芥川賞作家にして、手相学・人相学の天才ともいわれた五味康祐に師事。人相学・手相学を始めとする「運命学」を直伝。以来、独自に研究を重ねながら、占い・運命学を活用。著作は『運のいい人、悪い人』（きずな出版）、『運命は35歳で決まる！』（三笠書房）、『日本で一番わかりやすい運命の本』（PHP研究所）など200冊に及ぶ。
早稲田運命学研究会　公式HP　http://w-unmei.com/

きずな出版

12星座で「いちばんプライドが高い」
牡羊座男子の取扱説明書

2016年11月1日　初版第1刷発行

監修　來夢、櫻井秀勲
著者　早稲田運命学研究会

発行者　岡村季子
発行所　きずな出版
東京都新宿区白銀町1-13　〒162-0816
電話　03-3260-0391
振替　00160-2-633551
http://www.kizuna-pub.jp/

ブックデザイン　福田和雄（FUKUDA DESIGN）
編集協力　ウーマンウエーブ
印刷・製本　モリモト印刷

ISBN978-4-907072-76-6